應用行為分析在
融合教室中的運用

提升自閉症光譜障礙學生成效指南

Debra Leach——著　吳佩芳——譯

Bringing ABA
INTO YOUR INCLUSIVE
CLASSROOM

A Guide to Improving Outcomes
for Students with Autism Spectrum Disorders

by

Debra Leach, Ed.D., BCBA

Originally published in the United States of America by Paul H. Brookes
Publishing Co., Inc.
Copyright © 2010 by Paul H. Brookes Publishing Co., Inc.
Complex Chinese Edition Copyright © 2019 by Psychological Publishing
Co., Ltd.

Debra Leach, Ed.D., BCBA

溫索普大學特殊教育學系助理教授

701 Oakland Avenue, Rock Hill, South Carolina 29733

Debra Leach 是持有執照的應用行為分析師。她曾經服務於公立學校系統，是一位早期療育服務提供者，以及佛羅里達大西洋大學自閉症與相關障礙中心副主任。她的主要研究興趣為自閉症光譜障礙、融合、應用行為分析、正向行為支持以及早期療育。她非常喜歡從事教師職前訓練，以及與學區、家庭、社區合作，以支持自閉症光譜障礙學生、青少年與成人在家、學校及社區的成功融合。

譯者簡介

吳佩芳

學歷：美國奧克拉荷馬大學特殊教育哲學博士（學前組）
　　　美國中央奧克拉荷馬大學特殊教育碩士（重障組）
　　　美國中央奧克拉荷馬大學幼兒教育碩士
　　　美國中央奧克拉荷馬大學幼兒教育學士

經歷：國立台東大學幼兒教育學系博士後研究員
　　　美國奧克拉荷馬大學特殊教育學系兼任講師
　　　美國奧克拉荷馬州早期療育到宅服務人員
　　　美國奧克拉荷馬州應用行為分析介入學區合約教師
　　　幼兒園教師

現任：國立台中教育大學幼兒教育學系早期療育碩士班
　　　助理教授

譯者序

　　許多普通班老師面臨到班上有自閉症光譜障礙學生時，往往會不知道該如何協助他們在自然的情境中學習需要發展的能力。美國自閉症研究中心在 2014 年把應用行為分析列為針對自閉症學生最有實證支持的介入方式之一，同時也強調應用行為分析的介入不僅止於一對一的教學情境運用，同時也可以在自然的情境中實施。但是，一個在自然情境中實施的有實證研究的介入方法，如果教學者沒有充分了解應用行為分析的原則、具體在自然情境中（如普通班教室）實施的方式，並搭配相關的表單工具支持，那麼就算是以實證研究為基礎的介入方法也有可能會失敗，或者是讓教學者失去信心，同時也讓學生失去了有效介入的時機。

　　幾年前我出國參加特殊教育國際研討會，在會場巧遇本書作者，有機會了解到作者因為有許多接觸現場的實務經驗，有感於現場教師在介入策略運用上常常需要大量的支持，進而著手寫了這一本工具書。此書主要目的在於協助第一線工作的老師們可以了解應用行為分析的基本原理，並進一步在普通班教室中有效運用有實證研究為基礎的應用行為分析的介入方法，讓自閉症光譜障礙學生可以因此而受惠。在閱讀過本書原文版之後，有感於台灣這一

類的工具書相當少見,再加上應用行為分析雖為有實證研究為基礎的介入方式之一,且在國際研究中常被認為對於自閉症光譜障礙學生的介入成效是顯見的,但在國內卻時常被誤解為只能運用在一對一的情境中;或者是對於應用行為分析的原理原則有諸多誤解,因而將其歸納為過於制式化,或是沒有彈性或無顯著成效的介入方法,然而這樣的迷思卻造成了許多學生錯過接受有效介入策略的黃金時期。基於上述種種,故興起翻譯本書之念頭。

　　本書原作出版時,DSM-5 尚未出版,且此書中的 ABA 教學策略並無關自閉症光譜障礙之診斷特質而是著重在教學策略的應用,建議讀者如欲了解自閉症障礙類群之定義與特質,可自行參考最新版之精神疾病診斷準則手冊。

　　翻譯此書的過程,我要謝謝心理出版社林敬堯總編輯的支持與體諒,給予時間上最大的彈性以及包容。我也要謝謝協助我校對內容的研究助理陳梅恩與鄭竹秀,謝謝你們當我的第二雙和第三雙眼睛,把翻譯的內容調整到現階段最合適的狀況。謝謝我的乾兒子升升,因為你在學校所面對的狀況,讓乾媽想要更進一步的協助老師們,可以有策略的讓你和其他學生在班上學得更好。最後謝謝支持我的家人,因為你們,我可以更堅定的走我該走的路。

吳佩芳　於 2019.01.01

目次 CONTENTS

緒論

　　數十年來，基於有實證研究為基礎的高度支持，應用行為分析（applied behavior analysis, ABA）一直被拿來當成介入自閉症光譜障礙學生的首選（Koegel, Koegel, Harrower, & Carter, 1999; Lovaas, 1987; McGee, Almeida, Sulzer-Azaroff, & Feldman, 1992; Pierce & Schreibman, 1995; Weiss, 2005）。應用行為分析在自閉症光譜障礙（autism spectrum disorders, ASD）學生的介入上有許多不同的應用，例如：單一嘗試教學法、核心反應訓練、隨機教學法，以及應用語言行為。以上所提及的介入方式均是建構在 Baer、Wolf 和 Risley 於 1968 年所提出的理論之下。這些研究人員發表了以 ABA 向度（dimensions）為主的一篇文章，介紹了使用行為分析的原則進行單一受試的研究，以進一步有意義的改變個體的生活。這些向度現在已作為 ASD 學生密集介入方案的框架，而不僅止於研究的目的。

　　雖然 ABA 已經被證實是有效果的，然而這些教學的策略與能力，卻很少被運用在普通班教室接受融合教育的 ASD 學生身上。當學生接受 ABA 介入的時候，介入經常是發生在家中、醫療場所，或者是隔離式的教學情境。這種隔離式服務提供常常無法讓學生將所學到的技能類化在各種不同的目標和環境中（Lovaas, 1977; Spradlin & Seigel, 1982）。倘若沒有

在自然情境中（例如學生實際需要使用所習得能力的地方）將 ABA 教學策略介入運用在 ASD 的學生身上，對於教學者來說，提供有意義的學習機會將變得相當困難。所謂自然的情境包含：日常生活作息、活動，其所涵蓋的範圍包含不論個體是否有身心障礙都能夠參與活動的家庭、學校和社區。在學校，這些地點則包含遊戲場、餐廳、走廊，當然還有普通班教室。

隨著近來聯邦政府的法令，如 2004 年《身心障礙個體教育增進法案》（Individuals with Disabilities Education Improvement Act [IDEA] of 2004 [PL 108-446]）以及 2001 年《不放棄任何一個學生法案》（No Child Left Behind Act of 2001 [PL 107-110]）支持身心障礙學生的融合教育，有越來越多 ASD 學生融合在普通班教室接受特殊教育的服務。然而，普通班教室的教師往往沒有足夠的訓練以及經驗來滿足 ASD 學生在課堂中的需求。2001 年，國家研究理事會（National Research Council）針對這個情況提出建言，對於教育 ASD 學生的最佳做法提出了建議。在眾多的策略中，他們認為 ASD 學生應在與同儕有機會互動的環境當中接受專門的教學策略、介入方法應該要個別化以滿足個別學生獨特的需求、ASD 學生應積極參與系統性規劃的介入指導方案、至少每個星期要有 25 小時，並且要持續記錄與評量學習進展的情況。基於上述的建議，普通班教室最適合運用這些建議策略，來提供特殊需求學生與其一般發展同儕在學校互動並參與活動的機會。然而，若只是簡單的把學生安置在普通班教室中，而沒有針對所提出來的建議進行調整，即便學生在普通班教室中接受 25 個小時的介入，並讓學生高度參與課堂活動，為其所設定之目標執行的總時數，事實上是少於 25 個小時的。在普通班教室中使用 ABA 介入策略，確保了個別化的教學、系統性的規劃，並著眼於解決適當的學習目標和針對進展

持續進行監控。家長常常要求他們的 ASD 孩子在學校能夠接受 ABA 的教學介入，因此有許多學區為了配合家長的要求，進而在隔離的教室環境中提供 ABA 的一對一教學。這樣子的教學常常是由沒有教學訓練或是教學經驗的教師助理員來執行。即便是有證照的教師，在執行 ABA 策略介入的過程，學生也常常無法將在隔離的教室裡所習得的能力，類化到不同的自然情境當中。為滿足家長所要求的抽離式 ABA 教學介入，學校可以發展出適合普通班教室中實施的 ABA 教學介入模式。學生將在不同的自然情境中習得有意義並可在日常生活當中使用的技能。如此一來，技能不僅可以發展出來，這些技能也會提高他們在普通班教室的參與度，更能同時提升學生在自然情境中學習的機會。

即使在普通班教室當中運用 ABA 教學介入對 ASD 學生來說是實踐聯邦法令最直接的方法，也是一個最好的教學實踐，但是，對於該如何有效執行 ABA 策略，教師們卻只能得到有限的支持。本書即在提供讀者所需要的背景資訊以及如何在普通班教室中執行 ABA 策略的步驟。以學校為基礎的團隊可以用本書來學習如何透過團隊合作來評估 ASD 學生的需求，進一步運用評估的結果設定目標，並針對所選擇的目標計畫 ABA 的介入策略，最後規律性的蒐集和分析以掌握學生的學習進展。在本書的附錄當中，包含在學業領域、行為、社交互動、溝通和獨立作業的教案範本，讀者可以使用目前所設計的教案或是按照個別學生的需求調整後再使用。在教案範本中包含了大量的範例，針對如何可以發展 ABA 的教學計畫，提供教師們在為學生設計教案的時候，可以有不同的想法。本書更納入學習指南，用以支持團隊學習並促進本書中所提供內容之實際應用。

1 自閉症光譜障礙學生在普通班教室的學習情境中

本書所討論的是透過使用應用行為分析（applied behavior analysis, ABA）的教學程序來最大化學習，以使自閉症光譜障礙（autism spectrum disorders，以下簡稱 ASD）學生成功融入於融合教室（inclusive classroom）。最重要的是必須先清楚了解 ASD 學生的特徵、ASD 學生融合於普通班教室（general education classroom）中的益處和困境，以及關於 ASD 學生在融合教室中最好的教學規劃。藉由本章的結論，你也將了解在普通班教室中使用 ABA 教學程序最能滿足學生需求的理據。

 ASD 概述

對於 ASD 一詞的使用通常不是十分嚴謹。你可能聽到一些人說某個學生沒有自閉症，但肯定「在該光譜上」。如果一個學生有自閉症的特質，並不代表可以說這個學生是在該光譜上。如果一位孩子是在自閉症光譜上，意指這個孩子患有自閉症、亞斯伯格症，或其他未註明的廣泛性發展障礙等三種障礙類型。根據《精神疾病診斷與統計手冊第四版內文修正

版》（*DSM-IV-TR*; American Psychiatric Association [APA], 2000），它們是在更大的廣泛性發展障礙（pervasive developmental disorder, PDD）類別之下，該類別還包括雷特氏症和兒童期崩解症。就本書而言，討論 ASD 學生的特質時並不特別指明這些障礙之間的差異。

在討論 ASD 學生可能顯示的障礙之前，重要的是，必須強調 ASD 學生都具有獨特的優點和天賦。因為 ASD 是一種神經系統疾病，他們大腦的「布線方式」並不一定與一般發展的人一樣。因此，ASD 學生可能其實能夠做到很多大部分同儕無法做到的事情。有些 ASD 學生有驚人、罕見的記憶力，使他們能記住多數人無法記得的資訊；ASD 學生可能有藝術和音樂相關的天賦，使他們能夠演奏樂器、唱歌和創作美麗的藝術作品；其他 ASD 學生可能在某些學業領域具有天賦，或對某些主題有非常強烈的興趣，他們在這些主題上比一般人知道得更深入。身為教師，應先發掘 ASD 學生擁有什麼能力和優勢，而非單純聚焦於他們不足的技能。透過這樣做，教師能確保尊重了學生們的特別能力，同時盡可能的善用他們的優勢與興趣——特別是在教導學生新的能力與著手解決困難任務的時候。按照臨床定義，ASD 學生有社交互動和溝通方面的障礙，同時也存在固著行為和／或範圍受限的興趣（APA, 2000）。

◉ 在社交互動方面的障礙

所有 ASD 學生在社交互動方面都有障礙。不過，並不是所有的 ASD 學生都具有相同類型的困難。有些學生可能有使用非口語行為方面的障礙，例如眼神接觸、臉部表情、身體姿勢和社交式手勢。ASD 學生可能不會自發性的尋求與別人互動的機會。這不一定代表這些學生喜歡獨處，但是各種涉及自閉症的資訊中，經常可以看到把這一點視為一個描述性的

特徵。當 ASD 學生有機會學習如何與人互動、主動與人互動，以及保持與人的互動時，他們確實有可能喜歡這些互動甚於獨處。這些涉及與人互動的技能被稱為**分享式注意力**（joint attention）和**社交互動能力**（social reciprocity skills），它們是 ASD 學生的核心障礙（Jones & Carr, 2004; MacDonald et al., 2006; Mundy, 1995）。

分享式注意力涉及兩個或以上的人相互分享一個特定物件、活動或想法的相關注意力。分享式注意力可以包括協調人與物件之間的注意力、加入一個社交夥伴、在人與物件之間眼神的轉移、與他人分享情感和情緒狀態，以及為了分享經驗而吸引另一個人對物件或事件的注意力（Baldwin, 1995; Mundy, Sigman, & Kasari, 1990）。這可以簡單舉例如，一位學生指著遊樂場中樹上的一隻鳥，教師則回應：「哦，哇！牠是一隻藍松鴉。」另外，在融入複雜的角色扮演遊戲場景或在教室教學的活動中，也需要分享式注意力的能力。了解分享式注意力最簡單的方式，是想像當你在跟別人互動的時候，你會有跟別人「在一起」的感覺或感受。然而當與在光譜上的學生互動時，你可能會覺得你很努力在與該學生互動並且想要與他有所連結，但是不論你再怎麼努力，兩者之間就是很難有連結。

一旦一位 ASD 學生透過分享式注意力與別人建立連結，該學生需要使用社交互動能力來從事「人類互動之舞」（"the dance of human inter-action"），或與一連串他們注意的物件、活動或想法產生一來一往的互動。社交互動指的是社會人際互動能力涉及到意識他人的情緒和人際互動線索、適當的解讀這些線索、對於所解讀的有適當的反應，並有動機參與和他人的社交互動（Constantino et al., 2003）。

以下是一位教師史密斯女士和她的學生瑞貝卡之間運用社交互動能力的一個例子：

　　史密斯女士：早安，瑞貝卡。

　　瑞貝卡：早安，史密斯女士。我喜歡妳的裙子。

　　史密斯女士：非常感謝妳，瑞貝卡。請把妳的作業交給我。

　　（瑞貝卡交出她的作業。）

　　在這個例子中，史密斯女士和瑞貝卡分享了兩個往復互動。請注意，最後的交流不是口語上的交流。瑞貝卡只是聽從史密斯女士的要求交出她的作業，這仍是一個一來一往的交流。社交互動能力可以是口語的，也可能是臉部表情、手勢或動作的使用。此外，社交互動能力涉及做出發起（making initations）和回應他人發起的反應（responding to the initations）。在上述例子中，瑞貝卡能夠回應史密斯女士的問候，也透過稱讚史密斯女士的衣服發起一個互動。一般發展學生會自然發展出社交互動能力，但是ASD 學生要學習如何展開社交互動的人際互動，往往需要大量的介入。

◉ 在溝通方面的障礙

　　當與溝通夥伴互動時，ASD 學生可能有傳達訊息和接收資訊的困難。要參與互惠的社會互動，個體需要使用非口語和口語的接收與表達的溝通能力。非口語的溝通可以涉及眼神接觸、臉部表情、身體姿勢、社會式手勢的使用，以及解讀別人的非口語行為。溝通能力涉及透過使用口語回應、手語、使用圖片交流的回應，或使用溝通輔具，開啟對別人的回應以及自身與他人溝通的互動。語言表達能力包括使用語言與別人分享知識、思想和想法。有表達障礙的學生在溝通時，他們可能會在表達自己的需要、需求及評論的回答和提問上，有參與對話的困難。當 ASD 個體在使用語言表達時，可能因為構音的不正確造成表達不佳，使別人難以理解

其所用的字詞。他們可能使用不適當的音量，或可能使用不規則的聲韻，導致鼻音或機器人似的發聲。語言接收能力包括展現對語言的理解。對於接收溝通能力有障礙的學生，當使用超出他們理解水準的語言指示，他們可能難以做出回應。

通常情況下，人們會透過使用手勢、眼神接觸、臉部表情和身體姿勢，以非口語的溝通來補充口語的溝通，將訊息發送給別人。許多缺乏口語溝通能力的障礙人士，經常使用這些非口語溝通的能力來彌補他們所缺乏的口語能力，但 ASD 學生通常不這樣做。事實上，缺乏非口語溝通的能力，經常使他們發出錯誤訊息給溝通的夥伴。例如，當與別人說話時，許多 ASD 學生使用不適當的眼神接觸，導致被認為他們並不是向某個特定對象說話，但其實他們是。另外，如果 ASD 學生不使用臉部表情來傳達他們的想法或感受，可能會被誤解為沒有參與動機或不感興趣，而事實並非如此。當學生參與他們的同儕時，非口語溝通（例如：眼神接觸、手勢和臉部表情）常常幫助他們彼此連結。因此，因為有限的非口語溝通能力，ASD 學生往往錯過與同儕建立連結的機會。

有些 ASD 學生可能使用固著性及重複性的語言。這是指 ASD 個體可能會使用的各種特殊的語言呈現方式；包含**鸚鵡式仿說**（echolalia），或不適當的重複該學生以前聽到的某事（Stribling, Rae & Dickerson, 2007）。鸚鵡式仿說常常被認為是一種非功能性的語言使用；不過，ASD 學生經常使用它來作為溝通工具。例如，如果一位學生在教室中離開他或她的座位，ASD 學生可能會說：「我跟你說過要坐在位置上。」就如同教師之前可能對另一名學生說過的話。雖然這樣的言語表達方式對同儕之間並不恰當，但對該學生來說確實是有溝通目的。ASD 學生也可能不斷的問同樣的問題，比如：「你生日是哪一天？」或「你有幾隻寵物？」同樣的，這

不一定是一個非功能性的行為。有些學生可能從事這種類型的行為，因為他們想與別人互動，但不具備適當的技能。因此，他們用鸚鵡式仿說來發起與別人的互動。

其他有 ASD 的學生可能有**口語自我刺激行為**（verbal self-stimulatory behaviors）或**刺激**（stimulus），他們以非功能性的方式口語化某些聲音、字詞、短語或句子。很多學生會在他們沒有參與任何有意義的互動或活動時，進行口語刺激。因此，讓學生可以積極參與互動或者活動是很重要的，而不是只等著阻止他們口語刺激的行為。

◉ 受限的興趣和重複性的行為

根據 *DSM-IV-TR*（APA, 2000），每一位 ASD 個體至少會具有以下其中一個特徵：

- 顯著的全神貫注於一個或一個以上固著和受限的興趣樣式，在專注度或強度上異於一般
- 無彈性的堅持於非功能性日常或儀式
- 固著和重複的肢體動作
- 持續地全神貫注於物件或物件上的某一部分

第一個指標是指 ASD 學生對某樣事物特別感興趣，進而限制他們發展各種不同興趣的能力。例如，一位學生可能對火車有熱情，只想要玩火車及談論火車。專家經常建議在學生學習課業內容、社交能力及正向行為時，使用這些特殊興趣來支持他們和促進職業發展（Kluth & Schwarz, 2008）。

　　有些 ASD 的個體強烈需要一致性，對某些事情強烈希望每次都以一樣的方式進行。例如，對於教室常規，一位學生可能每天都會強烈渴望遵循完全相同的方式；如果課程稍微有改變，這位學生就會開始發展出行為問題。對於有這些需求的學生，最好讓他們在快要發生改變時先有所準備，並且有系統的教他們如何用正向的態度因應日常生活的變化。

　　此類學生常有固著和重複性動作，包括像是擺動、拍手、旋轉物件、排列東西，或任何其他沒有功能性目的的動作。有些 ASD 學生對物件部分（如玩具車的車輪）有興趣，因此，當他們拿起一台玩具車，不一定像其他學生可能只是玩它，而是專注於旋轉和檢查車輪、研究如何運作。就像是進行口語自我刺激行為的討論，這類的固著行為通常發生在一位學生從有意義活動中抽離的時候。因此關鍵是在這些行為發生時，積極重新引導學生回到活動，而不僅僅是試圖讓學生停止該行為。

ASD 學生在普通班融合的益處

　　融合於普通班對 ASD 學生和其他身心障礙學生來說有諸多益處。一些家長和教育工作者是以「社會性融合」的理念作為思考，這個想法假設 ASD 學生是完全能夠從這樣的社會經驗中受益。當涉及與同儕發展社交互動能力時，被納入普通班肯定是重要的。因此，普通班的融合提供他們發展此種能力的機會，顯然是相當正向的。除此之外，普通班的融合對於這一群特殊需求的學生來說，還有許多益處，包括：提供他們獲得更多接受一般教育課程的機會；在自然情境（如普通班教室）中發展溝通能力；提供他們使用正向行為的機會，以及學習如何與一般發展同儕共同學習，並為學校畢業後的生活做準備。普通班教室為發展社會能力、溝通能力、

學業能力、正向行為和應對能力所提供的機會，是無法在一個特殊教育教室的環境中簡單被創造或複製的（Chandler-Olcott & Kluth, 2009; Diehl, Ford, & Federico, 2005）。

ASD 學生在普通班融合的障礙

經常發生的情況是，有些人認為應該避免讓特殊需求學生到普通班進行融合。有許多特殊教育工作者確實相信，為了讓 ASD 學生能從教學中受益，他們需要留在特教班中就讀；而普通班教師們則認為他們在自己的教室中會難以滿足 ASD 學生的需求；同樣的，有部分 ASD 學生的家長認為他們的孩子需要專門設置的情境，來達到並充分發展其全部潛能；更有許多一般發展學生的家長不希望自己的孩子因教室中有特殊需求學生而分散了教師對他們孩子的注意力。事實上，特教班不是「治癒中心」。在這些特教班中，並沒有魔法捷徑可以治癒這些特殊需求學生。的確，特教班可以有效提供密集的一對一教學，然後對學生來說效果也許會很好，但是，對於所有超出教師一對一教學的其他學習機會，要如何提供給學生？同儕互動進而促進社交互動能力及溝通能力的發展在哪裡？普通班教室中可以提供的學生在學業上的互動機會在哪裡？可為所有學生提供各種適當跨領域的學習機會又在哪裡？雖然普通班教師往往不具備教導 ASD 學生所需的訓練和經驗，無法成功的幫助這些學生融入在他們的教室中，但特殊教育工作者可以轉移自己的知識和技能給普通班教師。這是可以做到的！通過訓練、示範、指導和協作，能讓普通班教師提高他們的技能，以滿足所有學生的需求。大部分對於自閉症光譜學生有幫助的教學策略，也可用於一般發展的學生。當普通班教師和特殊教育教師合作，雙方都能夠

互相學習,以成為對所有學生最好的教師。幾十年來,研究已經清楚顯示,只要遵循融合教育最佳實踐的策略與方式,特殊需求學生以及一般發展學生都可以從融合教育中受益(King-Sears, 2008; Odom, Deklyen, & Jenkins, 1984; Staub & Peck, 1994)。

 ## ASD 學生在普通班融合的最佳實踐方式

要讓 ASD 學生能夠成功的在普通班中融合,普通班教師和特殊教育教師必須共同努力去創造正向的學習環境、適當和引人入勝的教學活動,以及一套允許所有學生在教室內學習的支持系統。要創造這樣的教室環境,教育工作者應使用正向行為支持(PBS)、差異化教學、促進積極參與的教學策略,並且在教室中適當運用專業人員和教師助理員。

◉ 正向行為支持

正向行為支持(positive behavior supports, PBS)或正向行為介入與支持(positive behavioral interventions and supports, PBIS)是基於一個在整個學校範圍實施的行為支持三層系統(Bradshaw, Reinke, Brown, Bevans, & Leaf, 2008):

第 1 層:有一致性正向後果的全校和/或全教室範圍的行為期望
第 2 層:對於需要額外支持的特殊需求學生群體的行為介入
第 3 層:對於需要密集支持度的學生的個人化行為介入

正向行為支持是一種主動積極的做法，而不是被動的方法。正向行為支持中所提的替代性行為指的是針對不適當的行為提供介入措施，它會以系統性的方式教導具體行為的期望，並以一個正向方式持續強化。當教室的規則和程序都有明確教導與規範，並且在學生的行為符合期待時立即給予增強，或當他們的行為沒有達到期待的時候，可以接受正向的重新引導。如此一來，ASD 學生在普通班中才能夠受益。ASD 學生可能需要第 2 層和第 3 層的介入，來幫助他們發展出在普通班中所需要的正向行為。為了制定行為介入計畫，第 3 層經常包含進行功能性行為的評估，以確定學生挑戰性行為（行為問題）的功能。行為介入計畫可能包括針對環境的改變、針對教師和／或同儕行為的改變，以及該學生可作為替代行為或新技能的目標。為了增加學生在行為介入計畫中達成目標的成功程度，可以使用 ABA 程序。後面的章節將提供在普通班教室實施 ABA 教學，以促進正向行為、溝通能力、社交互動能力、學業能力和獨立作業能力等學習相關資訊和程序。

◉ 差異化教學

差異化教學（differentiated instruction）是一種同時教導一群多元學生的方法，它能滿足該群體內每位學習者的獨特需求。差異化教學的原理是所有的學生從各種教學法和支持受益（Lawrence-Brown, 2004）。Carol Ann Tomlinson（1999）討論了教室教學差異化如何可以跨內容（學生學什麼）、過程（學生如何學習）和成果（學生如何表現他的精熟程度），以回應學生準備的程度（什麼是對個別學生發展上合宜且適當的）、興趣和學習概況（學生如何有最佳的學習）。要讓 ASD 學生在融合的環境中獲得成功，這種類型的教學必不可少。教師需要設立這些學生在發展上適當

的學習目標，並且提供透過各種方式擷取的材料，讓學生以各種方式展現所學。

◉ 提升積極參與

　　為了要讓 ASD 學生積極參與教學活動，教師需要使用各種策略。如果學生從事自我刺激行為或其他固著行為，可能是因為學生沒有參與在課程中。因此，教師應把重點放在他們可以做哪些事來提升自己的教學，以引起學生的學習動機，而不是專注於如何制止學生不被期待的行為。讓 ASD 學生積極參與教學過程的方法列於表 1.1。

 適當運用專業人員和教師助理員

　　當 ASD 學生融入於普通班教室中，專業人員和教師助理員的運用方式可能有相當大的差異。特殊教育教師經常視他們的作用為「進入教室，直接與單一學生進行教學」。這常轉化為特殊教育教師拉一張椅子坐在學生旁邊，或在教學活動進行期間，同時徘徊在該學生身旁提供幫助。這可能在某些情況下有用，不過特殊教育教師主要的角色是向普通班教師提供必要的支持，讓該教師能夠在整天的課程中滿足學生的需求。這可能包括協同教學課程進而示範有效的教學策略、觀察及提供回饋給普通班教師、與普通班教師開會討論需求並共同解決問題、協助建立在普通班教室中較易於實施的數據蒐集程序，以及成為普通班教師的教練，協助普通班教師有效學習融合 ASD 學生在普通班教室中（Murawski & Hughes, 2009）。不言自明，最好的情況是普通班教師和特殊教育教師一整天都可共同教學。不過，由於預算限制和學校組織方式，實際情況往往不是如此。

▶▶ 表 1.1：如何保持 ASD 學生積極參與課程

確保學習目標在發展上的適切性。

使用具體例子幫助學生連結新內容與他們現有的知識。

在教室內巡視和給予回饋／增強。

問很多問題。

讓學生們協同工作，以解決問題和完成任務。

透過使用提示／褪除程序和行為動能來確保成功（詳見第 5 章）。

維持一個輕快的教學步伐。

用故事說明內容。

使用引導說明。

使用合唱式回應。

內容要連結日常生活。

給予簡潔明瞭的指示，並確保不過分要求。

盡可能善用學生的優勢和興趣。

給予學生選擇。

使用引起好奇心的活動。

使用前導組體。

安排多元的分組。

利用多媒體呈現資訊。

教學活動結合音樂與藝術。

鼓勵腦力激盪。

使用可以動手操作的活動。

角色扮演。

讓學生在課堂上使用手勢。

多使用遊戲。

在教學過程中讓學生創作／做些事情。

讓學生可以上台來到黑板前。

利用科技，如電腦、互動式電子白板和智慧板。

指定夥伴，並讓學生與他們的夥伴分享問題的答案。

要熱情和多鼓勵。

提醒學生被期待的行為。

多使用正向的支持，少用負面的語言或糾正。

　　教師助理員不宜成為 ASD 學生的「影子」，或者在普通班教室裡成為 ASD 學生的一對一助理。事實上，雖然 ASD 學生需要一些一對一的教學和不斷的重新引導（consistent redirection）以及增強，但這並不意指一個人應該與學生「黏在一起」。當教室裡有一位學生需要大量的支持時，可以分配一位教師助理員到教室，讓教師能夠更完善的滿足所有學生的需求。一位教師助理員可以對 ASD 學生提供一些一對一的支持，但他也可以協助教室裡的其他學生，好讓教師能夠對該學生提供必要的支持。例如在獨立作業時間，教師助理員可以巡視並維持班級狀況，而教師提供一對一的教學給 ASD 學生。當一位教師助理員僅被分配給一位特定學生時，有可能出現許多負面後果（Broer, Doyle, & Giangreco, 2005）。下面有一些例子：

- 該學生從班級同儕團體裡被社交性隔離。
- 教師助理員的協助對 ASD 學生或者班上其他學生來說，更容易造成他們的分心。
- 該普通班教師因為有教師助理員的關係，推拖了許多應該要有的教學責任。
- 該學生變得依賴教師助理員來完成作業。

　　為了防止這些事情發生，教師助理員應成為在教室中的第二位教師，並使其在普通班教師的指導下工作，這是非常重要的。

本章總結

　　雖然利用本章討論的最佳實踐做法一定能成功促進 ASD 學生在普通班的融合，但為了學習一些學業能力、社交能力、溝通能力、獨立作業能力和正向行為，大多數在自閉症光譜上的學生均需要額外的支持。這些額外的支持必須要提供，以確保學生擁有根據特殊教育法案中所提到的免費和適當公共教育的權利。的確，當積極參與並在普通班中被融入的時候，ASD 學生將學到許多技能和概念，然而，當這些學生在學習特定技能及概念有困難時，使用更明確的教學策略是必須的。運用 ABA 原則的教學程序，已被證明可有效教導 ASD 學生各種技能（Weiss, 2005）。然而，常見的誤解是，ABA 只能經由受過專門訓練的人去實施，且它必須只能在一對一的情況下完成。正如你將在第 2 章學習到 ABA 的定義和描述，這種說法是不正確的。事實上，為了增加動機和促進類化，經常見到的建議是，ABA 教學程序應建立在跨家庭、學校和社區等自然情境。在學校環境中，普通班教室是最自然的情境。本書其後各章節將讓你更深入了解 ABA，並提供如何在融合的教室情境中使用 ABA 教學程序的指導。

2 了解 ABA

本章將概述行為主義的內涵及其如何成為 ABA 的基礎，簡要回顧 ABA 領域的歷史。介紹 ABA 的七個向度，以及解釋當在普通班教室中實施 ABA 介入時，可以如何滿足這些向度。之後討論 ABA 在 ASD 學生身上的具體應用，包括單一嘗試教學法（Discrete Trial Training, DTT）、核心反應訓練（Pivotal Response Training, PRT）、隨機教學（incidental teaching, IT）和應用語言行為（applied verbal behavior, AVB）。並以如何在普通班教室實施 ABA 作為本章總結。

 行為主義的歷史

ABA 是以行為主義的原則為基礎，行為主義的學習概念為所有行為都是通過制約習得的。制約的形式有兩種：古典制約和操作制約。**古典制約**（classical conditioning）涉及配對一個中性刺激物與一個自然情境的刺激物，使中性刺激物能獲得來自自然刺激物誘發的相同反應。在 20 世紀初期，Ivan Pavlov 在他的研究中以狗來進行古典制約實驗。食物為自然刺激物，反應是流口水。當食物出現時，狗會流口水。Pavlov 透過實驗告訴

大家，可以透過配對不同的刺激物，教出相同的反應。每次給狗食物時，鈴聲會響起，每次狗都會流口水。最終，當鈴聲響起，即便沒有食物，狗還是會流口水。當狗聽到鈴聲時，會因被制約而流口水。

操作制約（operant conditioning）是基於 B.F. Skinner 的研究結果，這是一種透過使用獎勵和處罰的學習方法。從 1930 年代到 1950 年代，Skinner 進行了許多研究，顯示環境中的後果在行為上的效應。其中最有名的研究為使用正增強教鴿子啄一根桿子來獲得食物。每次鴿子啄桿子時，一顆食物粒會掉下。因此，鴿子學會增加牠們啄桿的行為來獲得食物。如正增強（positive reinforcement）、負增強（negative reinforcement）、處罰（punishment）、消弱（extinction）和塑形（shaping）等程序，都是現今被用來作為 ABA 介入方案的操作制約原則。

 ## ABA 的歷史

1968 年，Baer、Wolf 與 Risley 在《應用行為分析期刊》（*Journal of Applied Behavior Analysis*）第一卷，發表了一篇具有里程碑意義的文章〈當前應用行為分析的向度〉（Some Current Dimensions of Applied Behavior Analysis）。在該篇文章中，提出了進行應用行為分析的研究框架。此框架由七個向度所組成，這些向度必須考慮為 ABA 單一受試介入的研究。同時，這個框架也被使用於進行非為研究目的而設計的 ABA 介入方案。而今，無論使用 ABA 做研究或進行日常介入方案，仍是以這七個向度作為定義。這些向度包括：

1. 應用性（Applied）

2. 行為性（Behavioral）

3. 分析性（Analytic）

4. 概念性（Conceptual）

5. 技術性（Technological）

6. 有效性（Effective）

7. 類化性（Generality）

以下詳細討論這些向度，並摘列於表 2.1。

▶▶ **表 2.1：ABA 的面向**

向度	說明
應用性	介入是被設計成對個人生命有意義且有正向的影響。
行為性	目標可以被直接觀察和評量。目的的定義是清楚的，以便可以由不同人以相同方式評量行為。
分析性	數據顯示介入使行為改變。
概念性	使用的策略和介入可以運用行為主義的研究原則。
技術性	教學程序編寫明確，可讓不同的人也能以完全相同的方式實施。
有效性	介入的成果可以使行為有明顯的正向改變。
類化性	所學的技能可以維持一段時間並能運用於不同的情境和環境。

資料來源：Baer、Wolf 與 Risley（1968）。

◉ 應用性

一個介入如果有立即的表面效度，便具有應用性（Baer et al., 1968; Baer, Wolf, & Risley, 1987; Bailey & Burch, 2002）。換句話說，應用性意指介入的實施讓個體的生命做出有意義的改變。這種期望是透過對 ABA 介入設定適當的目標來滿足（詳見第 4 章）。特殊教育法案〔2004 年《身心障礙個體教育增進法案》（Individuals with Disabilities Education Improvement Act [IDEA] of 2004）[PL 108-446]〕要求個別化教育計畫（individualized education program, IEP）的目標必須是功能性的，並要求共同攜手應用 ABA 介入。如果目標是功能性的，它對學生就會是有意義，且將增進學生對課程參與，和／或提升學生的生活品質。

一些為 ASD 學生設定的目標，並不全然是有意義的。例如，ABA 一對一的方案可能包括模仿積木設計、配對平面圖裡的物件與實際立體的物件，或配對一個物件到適當的類別等目標。這些類型的目標未必對跨各種自然情境的學生有意義或提升該學生的生活品質。取而代之，是目標可以改善 ASD 學生的溝通和社交互動核心障礙，例如在遊戲中模仿同儕、透過圖卡溝通發出請求，或使用完整的句子描述經驗。當掌握了這些目標，在各種場合中都會十分有用，並且增進學生的社交及學業經驗。

◉ 行為性

行為性意指 ABA 介入的目標設定，具有可觀察及可評量特質。如果目標是與行為相關，焦點應該放在當有另外一個人在觀察與記錄的過程中，學生實際上在做什麼？（Baer et al., 1968, 1987; Bailey & Burch, 2002）。一個無法觀察的行為目標的範例是設定學生將會是快樂的。快樂不是必然可以看出的事情，雖然有些人可能會透過微笑或大笑清楚的表現出快樂，

但有些人的快樂也許不是那麼容易真正被看到。取而代之，目標設定為當一個同學加入該學生的遊戲時，該學生將與同學有目光接觸，這即是一個可以具體觀察到的目標。如果目標是可評量的，意指不同的人能以相同的方式蒐集學生在表現上的數據。因此，透過明確的定義來評量學生是否達成目標行為的期待，是極為重要的。例如，如果有目標陳述為該學生將在獨立工作時間內將注意力停留在任務上，請記住，不同的成人可能會有不同的評量方式；任務可以指寫作、談話、閱讀、舉手回答問題或尋求幫助、繪畫等其他各種行為。因此，在寫下一目標時，清楚定義對於目標行為的期待是重要的。

● 分析性

分析性意指實施的程序和實際的行為改變之間有功能性關係（Baer et al., 1968, 1987; Bailey & Burch, 2002）。換句話說，在學生身上所實施的介入，將負起行為改變的責任。在一個研究設計中，這可以用多種方式呈現，例如透過多基線設計、倒返設計和重複評量。在這些研究方法中，會有系統的蒐集數據，以便能夠顯示行為的改變是因為介入。不過，當 ABA 的介入是在普通班教室中使用時，由於不是為了要達到研究的目的，因此對於要滿足這一個向度來說，會有些許的困難。通常，在實施日常行為介入時會使用教學設計。教學設計只需記錄基線數據和介入數據。事實上，這通常只是為了要看到行為的改變是否為介入所致而做的紀錄。

所以，為滿足 ABA 教學的分析性向度，重要的是，教師在開始任何 ABA 介入之前，至少需要蒐集基線數據。教師往往在實施不同的教學策略時，沒有蒐集基線數據，從而難以得知介入是否導致顯著的改變。例如，如果一位學生在教師教學的過程中出現未舉手便說話的行為，教師可

能嘗試各種不同的策略來減少此種行為，並增加其舉手的行為。不過，教師往往沒有在實施新策略之前先記下未舉手就說話的基線數據。實施ABA介入時，這是非常需要的數據。

為獲得目標行為在介入前的資訊，在開始介入之前必須蒐集基線數據。然後，在介入期間也必須蒐集數據，以確定該行為是否因使用這些方法而正在被改變。這是非常重要的！因為教師經常認為介入沒有效果而停止介入的實施，但是實際上介入有可能是有效果的。在前面的例子中，如果學生在介入後仍然有未舉手就說話的行為，教師可能決定停止介入。不過，如果有數據可以檢視，呈現未舉手就說話的頻率比起基線期所蒐集到的次數可能是逐漸減少的，那麼教師將被鼓勵繼續進行介入。也就是說，如果記錄基線數據並轉換成為圖表的方式，教師可以對數據圖表進行目視觀察，並分析介入是否正有效運作著。

◉ 概念性

概念性意指教學程序被使用作為介入的一部分，是以行為主義的原則為基礎（Baer et al., 1968, 1987; Bailey & Burch, 2002）。這可能意味著增強程序、提示／褪除程序、塑形、時間延宕、行為動能、工作分析、直接教學、自我監控、消弱等策略的使用，這裡只舉出一部分。第 5 章將詳述這些和其他的策略，包括定義和範例。

這個 ABA 向度，簡單來說，只要求使用教學程序必須結合已被行為研究證明是有效的策略。一個教學程序可能是相當有效的，但是如果它不包括行為教學策略的使用，這並不能被認為是 ABA。例如，若是沒有使用任何其他行為介入的教學策略，就能讓一位學生透過觀看其他學生而學會適當的排隊，這就只是一個有效的教學程序，但並不符合 ABA 的概念

性向度。不過，如果觀看其他學生不足以使該學生學會排隊，教師須使用提示／褪除程序來教導該學生排隊，這樣就能符合 ABA 的概念性向度。

◉ 技術性

技術性向度與多數人聽到**科技**（technology）會想到的東西無關。它意指教學程序是以一個清楚、明確的方式撰寫，使任何實施程序的人能以完全相同的方法進行（Baer et al., 1968, 1987; Bailey & Burch, 2002）。這裡的關鍵詞是**撰寫**（written）。如果沒有撰寫教學程序，會很難達到技術性的要求或標準。的確，實施 ABA 介入的團隊可以舉行會議、討論如何進行教學，但是，單靠討論就能讓每個人以完全相同的方式實施介入的案例十分罕見。因此，最好是撰寫教學程序，讓所有參與者都可以參考依循。

第 7 章提供了符合技術性向度而撰寫的 ABA 教案範例，附錄 A 至附錄 E 並提供額外的教案範本。當開始實施 ABA 介入時，撰寫教學程序可以說是非常耗時的。因此，這些範本所提供的教學程序可以讓你運用在學生身上，以減少花過多的時間在開發教學程序上。當然，你可能會針對學生的現況而將教學程序的範例進行調整或修改，以滿足學生的個別需求，另外，你也可能會發現想要幫學生設立的目標不包含在這些範例當中。無論如何，一旦你經歷過撰寫程序，你將發現，練習越多次，就越容易開發出具有概念性的教學程序。

◉ 有效性

有效性意指介入的使用使得該學生做出有意義和顯著的改變（Baer et al., 1968, 1987; Bailey & Burch, 2002）。我們如何決定哪些介入是被認為有明顯的改變？Baer 等人（1968）建議你可以問自己以下的問題：該特定行為

需要有多少改變？例如，如果你正在實施一個介入以增進學生與同學的正向社交互動，並減少攻擊同學的行為，該介入要被認為有效，就必須大幅減少該生攻擊同學的行為。如果一名學生在基線期間每週打其他同學 20 次，實施介入後，只降低到每週 15 次，這樣行為的改變不足以被認為是有效的。介入要被認定為有效，該學生將需要大幅降低對同學的攻擊。如果該學生每週對同學的攻擊行為從 20 次減少到 5 次或更少，這樣就可以說該介入是有效的。

有效性這一個向度，通常說的是數據分析進入決定決策的時刻。當實施 ABA 介入時，教師經常會蒐集數據。不過，只有蒐集數據是不夠的。教師必須分析這些數據，並做出教學決定。要做到這一點，最好的辦法是將你正在蒐集的數據圖形化。在檔案夾中一頁又一頁的數據蒐集，並無法有效協助分析你的數據。對於每個目標，你應該有份對該學生學習進展的展示圖表。然後，你必須檢查圖表與數據，以確定在介入的過程中，學生是否表現出恰當的進步速度。第 5 章提供多種蒐集數據和圖形化的方式，第 6 章提供你了解如何做出教學決策的方法。

在研究設計中，有效性應包含信度。這意思是指，所使用的介入已被證明在跨各種不同環境和情況下，對不同的人都有正向效果。簡單來說，當一個介入被不同的人重複實施，而且對接受介入的全部或大部分人有正向結果時，它是有可信度的，這樣的說法與先前我們談的概念性向度之內容是一樣的。研究已顯示，運用行為主義的原則（如正增強、塑形、提示／褪除程序、行為動能和時間延宕）對 ASD 學生設計的介入具有信度（Davis, Brady, Hamilton, McEvoy, & Williams, 1994; Lovaas, 1987; McGee, Almeida, Sulzer-Azaroff, & Feldman, 1992; Pierce & Schreibman, 1995）。因此，ABA 介入因一貫的信度而運用這些策略，這就是它們成為 ABA 教學

程序概念框架其中一部分的原因。

◉ 類化性

　　類化性意指學生所學的技能可在各種環境和場合使用。在類化所學的能力方面，ASD 學生常被歸類為技能學習困難者（Gresham & MacMillan, 1998）。因此，對於教導學生類化他們學習的能力，教育工作者必須認真規劃，不能只是希望他們會這樣做。如果 ABA 介入方案能滿足應用性向度，並制定對學生有意義的跨各種環境的目標，這樣在做類化能力的規劃上就會較為容易。例如，如果目標包括教導一位學生問候別人，那麼教學程序可以在普通班教室、特殊領域的教室、餐廳、走廊以及在校車上實施。另一種類化能力的訓練方式是 Stokes 與 Baer（1977）所稱的「寬鬆訓練」（training loosely）。這意指變化對學生提出要求的方式，使他們學會如何在任何方式下應對；這也意指接受學生各種不同的適當反應，而不是只教導學生特定的反應。

　　以下場景清楚說明在教導 ASD 學生時，寬鬆訓練的重要性：

　　布萊恩是一位患有自閉症的五歲男孩，正在學習如何回應問候。所使用的介入非常特定單一。大人會說：「嗨，布萊恩！」然後布萊恩必須說「嗨」然後接著大人的名字。有一天，布萊恩與他的母親在社區公園，一位身穿黃色上衣的陌生人對布萊恩說：「你好！」雖然女士說的是「你好」而不是「嗨」，還不錯的是，布萊恩知道要回應，只是他的回應並不是那麼好，他說：「嗨⋯⋯黃色。」因為他不知道女士的名字。他知道正確的回應應該是「嗨」，然後名字，所以他想出了他能想到的最接近的事物。

這的確很幽默,但顯然是一個很棒的例子可用來解釋為什麼不應該對回應有如此特定的期待。取而代之,布萊恩應該學習到他可以說「嗨」和對方的名字,或只是「嗨」、「你好」、「嘿」,或其他任何適當的問候語。

 # ABA 對 ASD 學生的應用

　　在 1970 年代末期,研究人員開始對 ASD 學生使用 ABA。從那時開始,已經研發出各種 ABA 的具體應用於協助 ASD 學生學習。以下概述幾個對 ASD 學生的 ABA 應用,包括單一嘗試教學法(DTT)、核心反應訓練(PRT)、隨機教學(IT)和應用語言行為(AVB)。這些是最常對 ASD 學生使用的 ABA 程序,重要的是,教師必須了解這些寶貴的教學方法,學習如何以適當的方式在普通班教室中加以運用。

● 單一嘗試教學法

　　單一嘗試教學法(Discrete Trial Training, DTT)是一種 ABA 教學程序,它涉及將技能分解成單一的任務和使用結構化行為教學方法,以確保能掌握每一個技能(Lovaas, 1987)。DTT 使用一個 A-B-C 教學形式。A,或稱**前事**(antecedent),代表學生對特定刺激物做出回應的一個機會。前事可以是一個問題、一個指引、一個評論、一個手勢或其他任何需要回應的刺激物。B,或稱**行為**(behavior),為學生所表現對前事的一個適當反應。C,或稱**後果**(consequence),是在適當行為後提供的正增強。

　　當然,如果學生不具有要被教導的技能,該學生不太可能在沒有一些協助下回應前事。這種協助會是一個提示的形式,**提示**(prompt)是種暗示,可以是口語、手勢或身體的。在前事出現後給予提示,使學生能夠成

功表現期望的行為，然後給予正增強。最終，將提示逐漸褪除，直到學生可以在沒有任何提示下做出回應。

使用 DTT 時，呈現多個學習的機會或**嘗試**（trials）給學生，以促進學習的精熟度。這些嘗試可以連續多次呈現，此稱為**集聚嘗試**（mass trialing）。不過，多個嘗試也可以在學生一整天的作息當中分次實施。有關 DTT 最重要的是，它可以防止對 ASD 學生做出「徒勞無功的要求」。經常出現的是，教師會提出一個前事（問題、評論、指引），但學生沒有回應。若隨後教師接著對另一名學生提出要求，或轉移至別的事物，這就是一個「徒勞無功的要求」。使用 DTT 時，教師會需要提供一個提示使學生能夠成功的回應，然後教師在學生回應後給予正增強。

嵌入式單一嘗試教學（embedded discrete trials）是在第 5 章會討論的一個策略。這個策略使用 A-B-C 教學順序，嵌入在教室進行的常規和活動中。實施 DTT 時會使用的其他行為策略，如正增強、提示／褪除程序、塑形等，也將在第 5 章討論。以下是一位教師亞當斯女士在朗讀期間使用 DTT 教導一位學生艾利森打開書頁的一個例子：

亞當斯女士：（對班上說出書的一個頁面）艾利森，翻到那一頁。（前
　　　　　　事）

艾利森：（無回應）

亞當斯女士：艾利森，翻到那一頁。（指向該頁面，並將書推近艾利
　　　　　　森）（有一個提示的前事）

艾利森：（翻到那一頁）

亞當斯女士：（微笑並與艾利森眼神接觸）謝謝你，艾利森。現在我
　　　　　　們來看看發生了什麼事！（後果：正增強）

◉ 核心反應訓練

核心反應訓練（Pivotal Response Training, PRT）是 ABA 的另一個應用，它在學生的自然環境當中提供結構化教學（Koegel, Koegel, Harrower, & Carter, 1999）。不同於 DTT，PRT 著重於解決五個核心領域，而不是將技能分解成單一嘗試的任務。當這五個核心領域被優先針對介入時，它能導向針對其他沒有被注意的領域進行改變（Koegel & Koegel, 1995）。這五個核心領域包括動機、對多線索的反應、自我管理、自我發起和同理心（Koegel et al., 1999）。PRT 通常用於 ASD 幼童的早期介入。家庭參與是重要的面向，因為介入的實施是在孩子整天在家裡及社區的自然情境下。不過，普通班教室也是一個全天提供大量學習機會的自然情境。

透過調整普通班的課程，引起動機和教導學生如何回應多種線索、管理自我行為、發起，及發展對別人的同情等程序，可以在普通班教室中進行 PRT 的介入與方法的運用。實施 PRT 的策略包括在自然情境做出環境安排以創造社交互動和溝通機會、跟隨學生的引導以增加其動機，且對學生做出的嘗試提供自然增強（Koegel & Koegel, 2006）。第 5 章將詳細討論這些策略。在自然環境中運用這些策略並實施介入，有助於確保學生所習得的技能可跨各種環境廣泛應用。

以下是一位教師哈特先生在普通班教室使用 PRT，教導學生亞歷克斯如何透過指向想要物品來表達的例子。

亞歷克斯：（在學生排隊準備休息時，站在櫃子旁邊並嘀咕著）

哈特先生：（蹲下來讓自己和亞歷克斯面對面，跟隨學生的引導）亞歷克斯，你一定是想要某個東西。

亞歷克斯：（繼續嘟囔著）

哈特先生：你想要在休息時間玩球嗎？（示範用手指指向球）

亞歷克斯：（伸手要拿球，但沒有指向球）

哈特先生：亞歷克斯，拿去吧。（把球給亞歷克斯作為自然增強，下
一次將努力教亞歷克斯指向，而不是伸手拿）

◉ 隨機教學

　　隨機教學（incidental teaching, IT）是 ABA 的另一個應用，利用自然的情境來促進溝通和社交互動的使用（Hart & Risley, 1975）。使用 IT 時，照顧者和教師跟隨學生的引導來為學生創造溝通機會，以讓他們的需求和欲望得到滿足。就像 PRT 一樣，IT 著重於增加發起、提升動機和促進類化。當實施 IT 時，使用的策略有自然增強、環境安排、時間延宕、提示／褪除程序，和示範／要求模仿（這些策略的描述詳見第 5 章）。可以教導一般發展的學生學習如何使用 IT 和 PRT 來與 ASD 學生溝通和社交互動（McGee et al., 1992; Pierce & Schreibman, 1995, 1997）。這些同儕互助的介入使用，會在第 5 章中討論。

◉ 應用語言行為

　　應用語言行為（applied verbal behavior, AVB）是 ABA 的一個應用，它結合 DTT，但也仰賴 B.F. Skinner（1957）的語言分類來教導語言習得。這需要先教導 ASD 學生請求、命名、模仿，然後進行對話。立基在 B.F. Skinner 的研究之上，在 AVB 使用的這些技能的專有名詞為：**要求**（mand）、**命名**（tack）、**仿說**（echoic）、**互動式語言**（intraverbal）、**文字讀出**（textual）、**聽寫**（transcriptive）（Sundberg & Michael, 2001）。另有一些 DTT 和 AVB 之間的差異已經在《今日的應用行為分析》（*The Behavior*

Analyst Today）的一篇文章裡解釋得很清楚（Kates-McElrath & Axelrod, 2006）。在 DTT，學生們經常會有逃逸激勵（escape-motivated）的行為，這意指他們以完成一個任務來獲得遠離任務的休息機會。使用 AVB 時，介入者讓自己成為制約的社會性增強物，這意指學生被教導為享受他們正擁有的、與他們在一起的個體的互動，而不總是試圖遠離互動。DTT 和 AVB 之間的另一個區別在於，DTT 是典型的實施於一對一的不分心環境，而 AVB 除了以不分心環境提高動機的介入，還包括在自然環境或自然環境訓練中的介入。對於目標選擇，DTT 和 AVB 使用不同的課程指引。DTT 使用由 Lovaas 和其他人開發的一個課程作為範圍和順序（Lovaas, 2003; Lovaas et al., 1981; Maurice, Green, & Luce, 1996）。AVB 則使用由 Partington 與 Sundberg（1998）開發的《基本語言和學習技能評估》（*Assessment of Basic Language and Learning Skills*, 1998）課程。不過，在普通班教室使用這些結構化的課程指引並不一定合適。對於普通班教室中的學生，目標必須是個別化的、對於學生具發展適切性且有意義的。第 4 章將詳細討論目標選擇。

本章總結

　　雖然這些不同的 ABA 應用已顯示可對 ASD 學生的學習產生正向影響，但這些研究的進行往往不是在普通班教室內實施。事實上，這些研究是在普通班教室外特定的情境中完成，要普通班教師以同樣方式實施 DTT、PRT、IT 或 AVB，是有些不切實際的。因此本書強調透過 Baer 等

人在 1968 年提出的一些在普通班教室執行 ABA 的指導方針，同時使用已經被發展 DTT、PRT、IT 和 AVB 的研究人員證實為有效的教學程序。發展上述四個能在普通班中使用的教學方法，因為它説明了透過不同的策略能夠讓教學的方法更加有效用。事實上，許多的行為策略可用於上述四個教學方法，一些策略只使用在兩或三個方法中，其他教學策略可能只特定使用於某個方法。不過，如果這些策略是被呈現為一個整體，那麼教師可以利用各種被證明有效的 ABA 策略來針對 ASD 學生發展並撰寫有效的技術性教學程序，而不需要只選定單一特定的教學方法。本書為教師提供了在普通班教室實施 ABA 的方法，透過選擇目標（應用性）；撰寫目標（行為性）；蒐集基線和介入數據（分析性）；使用已被證明有效的行為策略，發展撰寫清楚且明確的教學程序（概念性與技術性）；分析數據以做出教學決策（有效性）；以及確保學生學到如何在各種場合和環境中使用所獲得的技能（類化性）。

3 規劃 ABA 介入之評估

　　針對普通班教室中 ASD 學生設計 ABA 介入的第一個步驟，就是要蒐集有關學生優勢、興趣與目前能力之特定資訊。本章一開始將說明進行 ABA 介入規劃所需要之評估架構，同時解釋這些評估如何也可以成為 IEP 規劃程序的一部分。另外也將討論評估 ASD 學生優勢與興趣的評估程序。為確保目標具發展適切性，評估學生的現況能力是很重要的。本章包含溝通、社交互動、學業、行為、獨立作業等方面評估現況能力的方法（亦請參考附錄 A 至附錄 E）。另外本章結尾也將介紹評估家長與普通班教師對於目標優先考量之先後順序，以協助設定目標不單只是具發展適切性，同時在家庭、學校與社區背景也有著重要意義的目標。

評估架構

　　在針對普通班教室中為 ASD 學生規劃 ABA 介入時，重要的是在撰寫目標之前要先進行評估。如第 2 章所述，所進行的評估並不是來自像 DTT 或 AVB 之類針對特定 ABA 用途所發展出來現成的課程，反而應該要進行非正式的評估，才可以發展出個別化且在普通班教室的情境下對學

生有意義的介入。要注意的一個重點是，使用 ABA 的計畫並不需要與 IEP 分開。本章所討論的評估程序確實可用於發展學生的 IEP。但另一方面，並非每一個 IEP 的目標都需要用到 ABA 介入。一般而言，為發展 ABA 介入教學所選定的目標，主要是學生在精熟程度上尚未做出合適進展的目標。不過重點在於，設定 ABA 介入的目標後先評估目標的品質，確保這些目標對學生的發展上是適切的。教師可以透過評估過程所蒐集的資訊來確認學生已準備好學習所設定的目標。本章將重點放在評估學生的優勢與興趣；學生在溝通、社交互動、學業、行為、獨立作業等方面的現況能力，以及家長與教師的優先考量。

評估學生的優勢與興趣

大多數的 IEP 都有一小段章節來說明學生的優勢與興趣。通常為了符合規定，會寫一兩個句子來交差，事後就丟到一邊不管。IEP 目標的撰寫與教學程序的實施通常都沒有考慮到學生的優勢與興趣。雖然所有學生的優勢與興趣都很重要，可是對 ASD 學生來說格外重要。這些學生通常會被要求進行一些他們覺得很困難而且也不喜歡的活動，由於他們在溝通與社交互動上有困難，所以連一般學生都覺得很難的日常任務對這些學生來說更加困難。此外，許多 ASD 學生的興趣非常有限，因此更難讓他們有動機去進行一些困難的活動。不過，有一個增加動機的方法，就是評估學生的優勢與興趣，以便可以在設定目標時將這些項目考慮進去並納入學習活動中（Bianco, Carothers, & Smiley, 2009）。重要的是找出學生的優勢與興趣所在，來評估與建立這些項目，以加強未來的學習並提升動機。所謂優勢就是學生比較拿手的事，而興趣是學生所喜歡的事物。評估可以透過

對學生、家長、教師、其他專業人員與教師助理員的訪談，並利用課堂直接觀察進行偏好評估等方式來進行。

◉ 訪談

　　找出學生優勢與興趣最有效的方式之一就是進行訪談。這些訪談也可幫助教師以正向及合作的方式，開始年度 IEP 的設計與規劃，同時協助家長與專業人員從優勢的觀點來看待學生。家長與專業人員很容易就可以注意到學生所有需要與不足的領域，不過對他們來說，通常不容易討論學生的優勢與興趣。因此，建立一個正向的架構，確實有助於促進學生發展上的進步。圖 3.1 提供一個可以詢問學生的問題清單，圖 3.2 則是一些可以詢問家長、教師以及其他學校職員的問題清單。這些問題並不一定都需要問，當學生、家長或教師想不出一些優勢與興趣時，這些問題就可以作為試探性的問題。

◉ 偏好評估

　　如果 ASD 學生無法以語言溝通表達其優勢興趣，就可以進行**偏好評估**（preference assessments）讓學生來分享這些資訊。偏好評估可以透過讓學生在兩個或兩個以上的選項裡面做選擇，以便教師找出潛在可能增強學生的物品、活動或情境（Layer, Hanley, Heal, & Tiger, 2008）。例如，假使你想要確認學生喜歡吃哪些點心，可以用系統性的方式提供一些選項，並記錄學生所選的項目。你可以提供爆米花或巧克力並請學生選擇。如果學生選爆米花，你接著可以提供爆米花或餅乾並請他選擇。最好是能夠在幾天之內連續做這種評估，才能最明確了解學生真正的偏好。你也可以針對偏好的活動進行同樣步驟，方法是讓學生選擇活動，例如用電腦做功課、參

開放性說明	學生回應
跟我聊聊你覺得你很棒的地方是什麼?你最喜歡什麼?	我會讀書。我喜歡動物。
額外試探性問題	學生回應
你喜歡什麼類型的東西?	恐龍、爬蟲類、動物園。
你覺得你最厲害的是什麼?	我讀書很快,我也會讀很難的字。我還知道很多動物的事。
什麼事情會讓你開心?	當大家都對我好的時候。
你最喜歡的玩具是什麼?	動物小玩偶、動物雜誌。
你喜歡做什麼事?	去動物園、博物館和圖書館。
你喜歡跟誰在一起?	我媽媽、我弟弟。
你一天中最喜歡的時間是什麼時候?	吃過晚飯以後。
你會做哪些其他小朋友不會做的事?	記得很多動物的事。
你最喜歡的地方有哪些?	(已經講過)。
你家裡或學校裡有哪些東西是你絕對不想讓給別人的?	DVD、恐龍玩具、雜誌。

▶▶ 圖 3.1:評估優勢與興趣:學生訪談

日期	學生姓名	訪談者	受訪人
2009 年 9 月 16 日	喬丹·史密斯	蘿倫·瓊斯 （普通班教師）	麗莎·史密斯 （母親）

開放性說明	家長／教師回應
請告訴我學生的優勢與興趣？	喬丹喜歡跟動物有關的事。

額外試探性問題	家長／教師回應
什麼事情可以讓這位學生開心？	玩他的動物小玩偶。
學生喜歡怎樣打發他／她的時間？	他喜歡自己一個人玩他的小玩偶，翻閱有關動物的雜誌，還有看動物的 DVD。
學生最喜歡的玩具或活動有哪些？	（前面的問題已提過）
學生最傑出的領域有哪些？	閱讀；幾乎是你在他面前隨便放一本書，他都讀得下去。
學生的哪些方面讓您覺得很驕傲？	他很討人喜歡。我很驕傲他念書念得很好，我也很驕傲他可以記住很多事實資訊。
學生最喜歡跟誰在一起？	大多是跟我。
學生在一天中最喜歡的時間有哪些？	他晚上洗澡之前；我坐在他房間裡而他在玩小玩偶。
什麼東西會吸引學生的注意力？	電影、圖片、物體。
學生最喜歡哪些地方？	圖書館、百貨公司、動物園、兒童博物館。
學生絕對不會讓出的東西有哪些？	他的動物小玩偶、他的動物書和雜誌，還有他的 DVD。

▶▶ **圖 3.2：評估優勢與興趣：家長／教師訪談**

觀藝術中心、打籃球或者其他在教室和學校裡進行的活動。同樣的程序也可用於學業偏好，你可以提供一些學業活動的選項，例如數學習作、讀物、錄音帶或者寫作材料。教師可以從這些偏好評估中直接觀察找出學生的優勢與興趣。當然，偏好的東西會隨時間改變，因此如果學生培養出不同的偏好時，就應該再度進行偏好評估。

圖 3.3 所示為進行偏好評估時的紀錄表範本。

學生姓名		評估者	
班		瑪莎（普通班教師）	
日期／活動	選項 1	選項 2	選擇
9 月 5 日：語言藝術字彙活動	運動清單（有圖片）	交通工具清單（有圖片）	交通工具清單
9 月 5 日：數學加法活動	用鹹酥餅算加法	用火柴盒小汽車作為工具算加法	火柴盒小汽車
9 月 6 日：靜態閱讀活動	有關交通工具的書	有關蜘蛛人的書	有關交通工具的書
9 月 6 日：科學區	用雜誌上的動物照片建立替代的範例	用雜誌上交通工具照片建立各種旅行的方法	交通工具活動

▶▶ 圖 3.3：偏好評估紀錄表

確認現況能力的評估

　　現況能力（present levels of performance）是描述出學生目前在每一領域中可以做到的事，可讓教師建立具有發展適切性的目標。編寫現況能力時的關鍵字是學生**可以**做到的事。我們要列一個清單指出學生做不到的事非常簡單，但是這對設立發展上適切的目標並沒有太大的幫助。評估必須要以系統性的方式規劃與進行，才能讓教師確實指出學生可以做到哪些事。對 ASD 學生來說，絕對有必要評估出他們在溝通與社交互動方面的現況能力，因為這兩者是他們需要介入的核心不足之處。大多數 ASD 學生也需要設立學業、行為與獨立作業等方面的目標。通常正式的評估並不會提供精確的資訊，因為 ASD 學生在溝通與社交方面的不足會阻礙他們展現已經擁有的能力。雖然有一些標準化的正式評估有助於確認現況能力，不過本章將呈現的是各種教師可以使用的補充性非正式評估，來明確找出學生可以做到的能力。

◉ 評估溝通能力

　　溝通能力可以透過正式的標準化語言評估、利用和家長或教師的訪談，以及在課堂與其他學校環境中的直接觀察來進行評估。訪談與直接觀察都是可以蒐集有關學生溝通能力方面充足資訊的建議方式。雖然溝通領域中有數不勝數的能力，但重點在於，應用 ABA 規劃，應該要選擇在普通班教室中具有意義並且可以對學生的成就做出最多正向影響的目標。雖然說「了解一個字所具有的不同意義」這樣的目標對學生來說具有發展上的適切性，但如果學生無法與同儕之間進行你來我往的交談，在這種情況下，與交談能力相關的目標就會比較有意義（如果我們以第 2 章所述的

ABA 介入向度來看,即為應用性向度)。話雖如此,教師還是可以從一些資源中獲益,例如 Kathleen Quill 所著《做・看・聽・說:自閉症兒童社會與溝通技能介入手冊》(*Do-Watch-Listen-Say: Social and Communication Intervention for Children with Autism,* 2000)一書中就提供了評估溝通能力方面完整的資訊。有些工具(例如 Quill 書中所提供的)在提供溝通能力的範圍與順序方面就很有用。不過以學校為基礎的團隊在發展 ABA 介入計畫時,必須要用他們最好的判斷來選出對學生最有意義的目標。如果一些能力對於融入普通班教室方面有其必要性,即便是在溝通檢核表上沒有列出來的溝通目標,也可以發展為學生的介入目標。

圖 3.4 提供一個非正式的評估工具,教師可以用來評估 ASD 學生的溝通能力。這項工具提供一些可以在訪談過程中詢問的特定問題,還有一個地方可以記錄從直接觀察中所得到的額外資訊。再一次強調,這樣的檢核表格並不是列出學生所需要學習的所有溝通能力或者是所具備的能力之清單,而是 ASD 學生常有困難且必須要學習的溝通能力——如果不介入協助學生發展或者是處理的話,對學生的學習與社會化機會將產生負向影響。在表格上記錄時,應該要記錄學生能做到哪些事,而不是他們不會做哪些事。例如你可以指出學生能夠在教師最多的提示之下遵循單一步驟的指示,而不是說學生沒辦法遵照指示。學生能用的溝通方法且可以記錄在評估工具上的方法範例,如下所述:

1. 吵鬧/哭/喊
2. 攻擊性(打自己或打別人;破壞公物)
3. 抓取、向人伸手或拉別人去拿想要的東西
4. 姿勢(用手指、點頭/搖頭、揮手)

5. 進行眼神接觸

6. 模仿（模仿姿勢／聲音／說話）

7. 主動性語言（單音節、一個字、兩個字、簡單或複雜語句、問問題）

8. 動作（對指示／評論做出反應或進行互動）

9. 寫字／打字

10. 使用溝通輔具

11. 使用圖片

學生姓名	莎拉	
問題	訪談中蒐集之資訊	直接觀察中蒐集之資訊（普通班教室）
學生如何表達想要和需要？	母親：她會拉著我去她想要去的地方；她會哭。 普通班教師：她會哭、一直吵、亂抓東西。	在下課時間，莎拉從一位學生的手上把球搶走。 午餐時，莎拉會一直吵到教師助理員來幫她為止。教師助理員幫她把飲料罐子打開。
學生如何表達挫折或憤怒？	母親：走開、又哭又鬧。 普通班教師：出現不專心的行為、吵鬧、會離開工作區域。	在學習區裡，莎拉正在識字區練習。她沒辦法使用字母印章。她很快就離開該學習區換到另一個。

▶▶ **圖 3.4：評估溝通能力**

學生姓名	莎拉	
問題	訪談中蒐集之資訊	直接觀察中蒐集之資訊（普通班教室）
學生可以遵守哪些指示？（請考慮單一步驟、多重步驟、簡單、複雜、學業、行為與社交。）	母親：許多單一步驟指示甚至一些多重步驟指示。 普通班教師：只要我個別給她單一步驟的指示，她大多可以遵照。當我對著全班指示時，她通常都沒辦法遵照。	在全組（whole-group）教學期間，每次教師給全班一個指示時，莎拉都沒辦法遵照指示。不過當教師跟莎拉一對一並重複指示時，莎拉就會聽話。
學生可以回答／問什麼樣的問題？（請考慮有關學業內容、常識、過去、不久以前或前兩天、進行中的活動、未來、個人資料。）	母親：那是什麼？ 普通班教師：有關一般物體的簡單問題，例如「那是什麼？」以及「妳看到什麼？」	在朗讀時，莎拉可以回答有關書中圖片的問題包括：「這是什麼動物？」以及「他在吃什麼？」
學生會有什麼型態的評論（主動／回應）？（請考慮學業活動與社交活動中所提出的評論。）	母親：沒有。 普通班教師：沒有。	並未觀察到莎拉提出任何評論。同學在團體活動中對莎拉提出一些評論，但她並沒有回答。
學生可以跟成人／同儕進行什麼樣程度的交談？（請考慮話題、往復交談的長度、與人攀談、加入交談、結束交談與持續同一話題上的能力。）	母親：她並未進行任何交談。 普通班教師：她並未進行任何交談。	並未觀察到進行任何交談。

▶▶ 圖 3.4：評估溝通能力（續）

◉ 評估社交互動能力與社交能力

　　許多研究與執業人員對於*社交能力*（social skills）與*社交互動能力*（social interaction skills）都有不同的定義。在本書中，社交互動能力是指個人要與其他人發展有意義關係時所需要的能力。一般來說，ASD 學生會因為他們有限的分享式注意力能力與社交互動能力，而產生社交互動能力上的不足（詳見第 1 章）。因此在評估社交互動能力時，其重點在於評估分享式注意力與社交互動。社交能力指的是個人需要學習以避免社交失敗與拒絕所需要的特定能力。這些能力通常是學校裡的「隱性課程」（Myles & Simpson, 2001; Myles, Trautman, & Schelvan, 2004）。換句話說，這些都是大多數一般發展的學生不需要特別介入就可以學到的能力。圖 3.5 可提供一項工具來評估社交互動能力。就像提供作為評估溝通能力的工具一樣，有一欄可以記錄教師或家長訪談時所得到的資訊，也有一欄可以記錄直接觀察所得的資訊。圖 3.6 提供一項評估社交能力的工具，可針對每一項能力記錄下學生可否獨立展現該項能力以及是否需要提示。若學生需要提示，可在該圖表提供的空格中詳細說明所需提示的程度。教師描述得越詳細，就越容易規劃出具發展上適切性的目標。此處列出來的能力只是 ASD 學生通常有困難的社交能力範例。不過可能還有許多能力需要進行評估。一些有價值的資源可以針對 ASD 學生提供更詳細的社交能力評估清單。Kathleen Quill 所著的《做・看・聽・說》（*Do-Watch-Listen-Say*, 2000）以及 Scott Bellini 所著的《建立社交關係》（*Building Social Relationships*, 2006）兩本書都有提供評估工具，對於教師在評估社交互動能力與社交能力上十分有用。

學生姓名	布萊克	
問題	訪談中蒐集之資訊	直接觀察中蒐集之資訊（普通班教室）
學生回應其他人分享式注意力的能力為何？（請考慮學生是否可以讓其他人加入學生正在進行的事；請考慮學生是否可以針對其他人口語或非口語所做出的評論、指示或問題做出回應。）	家長：布萊克通常在有其他人加入跟他一起玩的時候都還 OK。其他孩子在他身邊玩的時候，他通常都會做自己的事。 普通班教師：當其他學生加入布萊克的時候，他似乎覺得很開心。當同學跟他說話或問他問題時，他偶爾會回答。	布萊克會在下課時間玩遊戲區內的方向盤。另外一個學生走到布萊克身邊跟他一起轉方向盤。布萊克持續進行這項活動。那個學生說：「我們開車去看電影！」布萊克並沒有回應。
學生與其他人之間保持分享式注意力的能力為何？（請考慮持續的時間與活動種類。）	家長：布萊克大多可以跟其他孩子一起玩 5 分鐘。 普通班教師：有些時候布萊克可以跟其他學生一起玩 5 分鐘左右，不過通常 1 或 2 分鐘之後他又轉向其他活動。當他跟同學一起玩建構性遊戲玩具時可以玩得最久。	在跟同學一起讀書時，布萊克跟同學一起拿著書一頁一頁翻。同學對著每一頁上的圖片發表評論。布萊克在整個活動當中並沒有看其他同學或發出任何聲音。

▶▶ **圖 3.5：評估社交互動能力**

學生姓名	布萊克	
問題	訪談中蒐集之資訊	直接觀察中蒐集之資訊（普通班教室）
學生向其他人發起分享式注意力的能力為何？（請考慮用口語與非口語發起，以及刺激發起的活動種類。）	家長：布萊克經常把他最喜歡的玩具拿來給我們。他喜歡我們幫他開始蓋林肯小木屋。 普通班教師：布萊克很少向其他同儕或成人主動發起，不過有一次一位小朋友在看布萊克喜歡的一本書時，布萊克就去坐在這位學生旁邊。	並未觀察到布萊克有任何主動發起。
學生與同儕／成人進行一來一往的社交互動可以到什麼程度？（請考慮口語與／或非口語往復互動的長度；請考慮社交與學業活動。）	家長：這對布萊克來說很難。 普通班教師：布萊克不太容易進行往復互動，不過如果我用很多提示來幫他做回應時，他就可以跟我進行簡單的往復互動。	在學習區時，教師會在科學區加入布萊克。她會拿起一個磁鐵說：「這個很酷喔！」布萊克看著磁鐵就伸手要去拿。教師把磁鐵收回去並且問：「你要拿著它嗎？」布萊克說：「要。」教師就把磁鐵交給布萊克。

▶▶ **圖 3.5：評估社交互動能力（續）**

學生姓名	加百列	
能力	獨立完成	所需提示的程度
在共同任務中分享材料	○	
在獨立／平行任務中分享材料	○	
輪到他做時會有反應	○	
和別人輪流		如果一位同學說：「換我了。」並且伸出手來作為提示，通常加百列會讓同學做。
輪流等待期間能保持注意力		加百列通常需要進一步提示才能在等待換他時保持注意力。
幫助他人		如果教師說「布蘭登需要人幫忙清理」之類的話時，加百列通常會幫忙。
接受別人的協助	○	
同理別人的感覺		加百列需要口語提示來辨認別人的感覺並做出適當反應。
使用適當的音量		加百列通常需要提示才能大聲說話讓別人聽到。
與社交夥伴保持適當空間	○	
回應別人的問候	○	
跟人打招呼		加百列需要口語提示，例如：「跟亞當打招呼。」
與其他人互動時使用適當眼神接觸		當物品稍微被擋到時，加百列通常會建立眼神接觸以取得該物品。

▶▶ 圖 3.6：評估社交能力

學生姓名	加百列	
能力	獨立完成	所需提示的程度
讚美他人		加百列會摹仿教師說話來讚美別人。
正向接受讚美	○	
保持個人衛生	○	
對他人臉部表情有適當反應		加百列需要口語提示來解讀臉部表情並做出適當反應。
對他人肢體語言有適當反應		加百列需要口語提示來解讀別人的肢體語言並做出適當反應。
當有人擋到去路時做出適當反應		加百列通常會一路擠過去。如果教師說：「要講『請借過』。」他會摹仿這句話。
在學業與社交活動中懂得妥協		當活動並不如他的意或不照他設想的進行時，加百列需要高度協助以避免負面行為發生。

▶▶ 圖 3.6：評估社交能力（續）

● 評估學業能力

　　在進行非正式學業評估時，大多數的教師都可以掌握許多種方法來評估。不過在目前推動標準化評估的潮流之下，有些時候教師會忽略一些有價值的資訊——某些資訊可透過非正式評估得知而不一定可從標準化評估中獲得。這一點在 ASD 學生身上尤其明顯。ASD 學生通常並不了解標準化評估對於回應的期待，因此不會展現他們真正可以做到的事。他們在溝通與社交互動上的障礙，需要評估者對於個人的學習風格保持創意與應變能力，以便蒐集學生在學業上真正能夠做到的程度。使用以課程為基礎的

評估、表現評估、檔案評估以及真實評估，可以讓教師獲得一位學生成就或表現上的資訊，藉此找出學生的優勢與需要（Daniels, 1999; Hargrove, Church, Yssel, & Koch, 2002）。

　　教師必須記得，學生的溝通能力會對學業表現產生影響。例如，如果不同時評估與考慮溝通能力，就無法評估閱讀理解。學生如果無法回答簡單的交談問題，就一定會在回答書中問題時發生困難。因此溝通評估與學業評估必須同時進行，而溝通目標與學業目標也必須配合。以下是溝通目標與學業目標之間組合的範例：

- **溝通目標**：在 80% 的時間裡，學生至少可以用一個字或詞來回答有關最近活動的簡單交談問題。

  範例：你中午吃什麼？你爸爸帶你去哪裡？下課時間誰受傷了？
- **閱讀理解目標**：在 80% 的時間裡，學生至少可以用一個字或詞來回答有關一年級程度之閱讀教材的簡單字面問題。

  範例：這家人去哪裡度假？小男孩在公園裡看到什麼？誰從床上掉下來？

　　在為 ABA 方案選擇學業目標時，請選擇學生無法在其他課堂教學程序達到精熟的程度為目標。有可能學生需要比現在所收到的更明確的指示才能達到 IEP 目標。通常必須要做評估才能確認學生是否擁有 IEP 中特定目標所需要的必備能力。就算目標是符合學生的發展，且學生應該可以在一年內達到精熟，學生在達到年度目標前所需要學習的能力，仍舊可能需要 ABA 介入。做到這部分後，就可根據學生目前能夠做到的事，以及還需要哪些能力才能讓學生達到 IEP 精熟程度，來建立 ABA 介入所需要的目標。圖 3.7 的範例可以說明如何記錄學業評估的結果。

學生姓名	漢娜	
學業領域	正式／標準化評估結果	非正式評估結果
閱讀（請考慮聲韻覺識、聲學、流暢性、理解與字彙。）	診斷成就測驗 3（DAB-3）的結果顯示漢娜在廣泛性閱讀上是在第 5 個百分位。她在字母／文字上得分最高，在閱讀理解上的得分最低。	漢娜認得所有字母並知道怎麼發音。她可以發出 C-V-C 的發音。她可以流暢閱讀幼稚園程度的素材。漢娜可以從對她朗讀當中回答一年級程度的文字理解問題。漢娜需要進一步的支援來以文字定義關鍵字詞。
數學（請考慮數字概念、計算、應用與解題。）	DAB-3 的結果顯示漢娜在廣泛性數學上是在第 25 個百分位。她在數學計算上表現最好，在數學理解上表現最差。	漢娜已精熟機械式背誦基本加法口訣。她可以在教師協助下使用教具來計算基本減法。漢娜需要教師進一步協助來解決簡單的文字題。漢娜可以分辨小時與半小時的時間。漢娜知道所有硬幣的名稱。
語言藝術（請考慮聽、說、寫。）	未使用標準化評量。	漢娜可以用簡單的字句要求她想要的東西與活動。她可以回答跟目前活動與前兩天有關的基本問題。如果她需要幫忙，她會找人幫忙。漢娜需要教師進一步協助來寫字。
學科（請考慮學生如何學習新的概念與字彙、參與全組與小組教學、合作學習活動與獨立作業。）	未使用標準化評量。	漢娜在進行親手做學習體驗時可以掌握確實的概念。她可以回答這些活動當中有關概念的基本問題。漢娜需要進一步的支援才能學習與學科觀念有關的關鍵字彙。

▶▶ 圖 3.7：評估學業能力

◉ 評估行為

當 ASD 學生在普通班教室中出現挑戰性行為時，教師必須在 ABA 介入之前先考慮這些行為的功能。有些教師會說學生出現某種行為時完全沒有任何理由。然而其實每一種挑戰性行為（challenging behavior）都有其目的，不論學生是否有 ASD。因為該行為的出現以及其目的通常會導引出特定的介入。例如，假使有位學生為了要引起教師的負向注意而在全組教學中大吼大叫，教師為避免在學生大吼大叫時給予負向注意力，取而代之，教師應該要將介入的重點放在學生出現適當行為時給予更多正向注意力。而另一方面，如果學生大吼大叫是因為學生沒有參與教學活動，教師可能需要將重點放在調整課程來提升學生主動積極的參與。

教師可以透過直接觀察與訪談來進行非正式評估，以確認挑戰性行為的真正目的。有許多文獻支持了使用功能性行為評估的結果來進一步規劃行為介入的計畫，讀者可參考以獲得更多資訊（Hanley, Piazza, Fisher, & Maglieri, 2005; Horner, 1994; O'Neill et al., 1997; Scott & Caron, 2005; Sugai et al., 1999）。不過在進行 ASD 學生的功能性行為評估時，重要的是要考慮他們在社交互動與溝通上的核心障礙。因為 ASD 學生不容易建立正向的關係以及跟別人溝通，因此他們可能會出現挑戰性行為來達到他們社交與溝通需要，並表達他們的挫折感、焦慮或缺乏參與。對教師而言，重要的是要了解這一點，因為行為介入的計畫通常只是要嘗試減少挑戰性行為，例如：自我刺激行為、不聽話、不專注行為或者攻擊性。但實際上，如果教師沒有觸及問題的根源並提供學生一個可以滿足他們需求的正向替代行為或物品，這些學生最終會變成像在玩打地鼠一樣──他們停止或減少某一種行為，可是另一種挑戰性行為又跳出來。因此，重要的是評估學生在溝通上的困難何在、學生在社交上想要獲得什麼，以及學生對什麼事物感

到挫折、焦慮或沒有參與感。

　　圖 3.8 為一個可以搭配其他功能性行為評估使用的評估工具，以解決在普通班教室中面對 ASD 學生所碰到的一些特定行為問題。這裡列出了四項假設，是一些 ASD 學生出現挑戰性行為時常見的功能。當然，還有許多其他的假設。表中每一個假設都有一欄可以記錄根據訪談、直接觀察與功能性分析所得的資料。功能性行為評估訪談通常都是與家長、教師與學校其他教職員進行，以盡可能蒐集有關挑戰性行為可能的功能方面的資訊。教師可利用提供的表格將所蒐集到的資訊綜合整理到任何一個可能的假設當中。ASD 學生的挑戰性行為可能也通常會有不只一種功能。因此，如果學生的挑戰性行為似乎有一種以上的功能時，訪談中所得的訊息可能會放入一個以上的區塊中。例如一位學生可能會在同學想要加入跟他一起玩或者他想避免進行社交互動時，對同學出現攻擊性行為。這位學生可能也會對其他同學出現攻擊性，目的則是用來吸引同學或教師的注意。針對每一個假設，在表格中都有一個欄位，可以記錄直接觀察所得的資料。這種資料可以是 A-B-C 資料、散佈圖（scatterplots）、軼事資料或任何從實際教室觀察中所得的其他資料。A-B-C 資料需要記錄在行為出現之前發生什麼事、有關行為的描述，以及行為出現後發生什麼事。散佈圖資料需要記錄每天不同時間裡目標行為出現的頻率，以確定什麼時間這種行為最可能與最不可能出現。軼事資料則需要寫下挑戰性行為出現時的敘述性註解，或許可以提供有關該行為之功能方面的資訊。最後，有一欄可以顯示功能性分析的資料。在環境中變數經過操弄以測試特定假設所得的資料。例如，假設學生在碰到困難任務時會出現自我刺激行為，教師可以提供簡單的任務並記錄學生的反應，然後再提供更難一點的任務並做記錄，以確認學生在碰到簡單或困難任務時行為上的差異。

學生姓名		評估者姓名	
麥克斯		汪達（特殊教育教師）	
假設	訪談所得資料	直接觀察所得資料	功能性分析所得資料
傳達想要和需要	普通班教師指出麥克斯如果想要什麼東西但不知道如何詢問時就會尖叫。	在餐廳裡，麥克斯開始尖叫。教師助理員跑過去，結果注意到他需要一根吸管喝牛奶。教師助理員給他一根吸管之後，麥克斯就停止尖叫。	（無）
傳達因能力缺陷所產生之挫折或焦慮	普通班教師指出他在需要協助時通常都不會問別人，反而他會開始尖叫。	在一些個別活動與團體課程中，麥克斯會尖叫。教師走過去幫他，他就會停止尖叫。	當給麥克斯簡單的任務要他完成時，他並沒有尖叫。當他積極參與一堂課時，他也沒有尖叫。
獲得社交注意／互動	（無）	（無）	（無）
獲得參與或避免被排除／無聊	普通班老師指出當麥克斯沒有參與課堂上進行的課程時，他會整堂課斷斷續續的尖叫。	在一堂數學課中要計算一個形狀的周長時，麥克斯並未舉手回答問題而且一整堂課都沒有被叫到。他好幾次尖聲大叫，而且經常一邊叫一邊笑。	在一堂有關重力的動手做課程中，麥克斯並未尖叫。他積極參與活動，並且與團體合作測試出哪些物體落下最快。

▶▶ 圖 3.8：評估挑戰性行為

◉ 評估獨立作業能力

　　獨立作業（independent functioning）是指許多不同的能力，包含日常生活的活動、組織能力、動作能力、獨立遊戲能力與注意力相關能力等。日常生活的活動可包含像是上廁所訓練、獨立吃東西或者綁鞋帶之類的事。組織能力可包含像是整理東西、交作業或將未完成的作業放在適當地方等能力。動作能力可包含手寫、來回丟球或者用剪刀剪東西等能力。獨立遊戲能力可包含適當的玩適合年齡的玩具或獨自玩一段時間。注意力相關能力可包含專心將功課寫完、在團體課程時注意聽教師說話或者從一項活動轉換到另一項活動。當然這只是一些可以在獨立作業領域中進行評估之能力的範例，另外還有學生在這些領域中需要介入的其他許多能力。

　　在評估獨立作業能力時，教師可以採用正式的適應性行為評估，但這些評估通常只能告訴你，孩子有沒有那些能力。因此你可以用這些評估作為起點，然後再針對你想要注意的能力進行更明確的非正式評估。這部分可以用**工作分析**（task anaiysis）來完成。只要將每一項需要評估的能力分解成一系列步驟，然後你就可以觀察學生展現的能力，了解學生目前可以獨立完成哪些步驟及學生還需要學習哪些步驟，而由此設定目標。圖 3.9所示為獨立上廁所的工作分析範例。這種工作分析也可以針對各種其他獨立作業能力來進行。請注意，此評估工具可以讓教師記錄學生展現特定能力所需的提示程度。若學生可以在沒有協助之下完成一項步驟就勾選**獨立完成**；如果學生只需要一點協助就勾選**最少提示**；如果學生需要不少協助時就勾選**中度提示**；如果學生需要持續協助或者幫著做時就勾選**最多提示**。如此教師便可輕鬆追蹤學生的能力、進展與支援的有效性。

步驟	獨立完成	最少提示	中度提示	最多提示
1. 表示需要上廁所				
2. 去廁所並關門				
3. 脫掉必要的衣物				
4. 使用馬桶				
5. 用衛生紙擦屁股				
6. 沖水				
7. 穿好衣物				
8. 洗手				

▶▶ 圖 3.9：工作分析：使用獨立上廁所為範例

評估家長與普通班教師的優先考量

　　在完成適合學生之領域的正式與非正式評估之後，就要決定家長與教師對介入的優先考量。雖然你可以在進行學生評估之前以全面性的方式了解家長與教師的考量，以決定要將重點放在哪一個領域，但最好是在評估之後再進行特定的優先考量。如此，就可以根據學生目前可以做到的部分排定優先考量，也就可以建立好團隊，以設立符合發展適切性的目標。在解釋過評估資訊之後，可以問家長一個問題來評估他們的優先考量，例如：「根據你孩子目前所能做到的事來看，你希望接下來看到你孩子可以做哪些事？」這可以給家長一個機會以正向的方式表達他們的主要優先考量。在問到他們的優先考量時，家長通常會說：「我希望我的孩子停止

_____。」或者他們可能會說更廣泛的事，例如：「我只希望我的孩子快樂。」透過一開始解釋評估資訊並引導家長思考孩子的現況能力，家長將會有更真實與適當的具體優先考量可以與團隊分享。

特殊教育教師通常會負責評估普通班教師的優先考量，用來評估家長優先考量的程序也同樣可以用在這裡。在解釋過評估資訊之後，可以詢問教師一些事，例如：「根據學生目前所能做到的事，以及能夠成功且有效的融入普通班教室中所需要的能力來看，你希望看到學生接下來能夠學習什麼？」這對教師來說很重要，有時候針對學生設定的目標並不具有發展適切性，只因為那是對課堂中所有學生的一般性期望。雖然考慮課堂上的期待很重要，不過也需要考慮學生的現況能力，才能設定出可以達成的目標。我們要抵達終點之前，中間需要先經過許多站，因此如果教師希望看到學生可以獨立作業 45 分鐘，但評估顯示學生目前只能夠獨立作業 2 分鐘時，則一開始比較適當的目標可能是學生可以獨立作業 5 分鐘。最終學生或許可以抵達終點（45 分鐘），不過，一步一步慢慢增加對學生的期望會比較容易達成。

本章總結

在為普通班教室中的 ASD 學生實施 ABA 介入之前，進行本章所敘述的評估是很重要的步驟。這可以讓教師確認學生在各種領域中的現況能力，接下來就是建立對學生來說適當且有意義的目標。重要的是要納入學生優勢與興趣的評估，以便在目標設定與介入規劃時將這些項目考慮進

去。你可以根據學生的需要評估目前的溝通能力、社交互動能力、學業能力、行為與／或獨立作業能力等方面的現況能力。一旦確認現況能力之後，就應該進行家長與教師優先考量的評估，以協助目標的設定。當你完成並分析這些評估之後，就可以規劃出在普通班教室中對學生來說是成功且最具正向影響的介入。

目標設定

　　設定目標是所有教育規劃的基礎，為了讓 ABA 的介入在普通教室中發生作用，就必須根據評估所蒐集到的資訊設定目標。這些目標應該要由所有團隊成員以共同合作的方式設定，需是具功能性的、符合學生的發展適切性、可觀察與評量、可顯示精熟程度的標準，且應可正向陳述的。本章包含一些適當與不適當目標的範例，也將說明如何將 ABA 介入連結到 IEP 長短期目標，以及如何使用 ABA 介入處理可能不是在 IEP 上的行為與能力。

合作的目標設定

　　當選擇 ASD 學生在普通班教室中所要實施介入的 ABA 目標時，其重點在於家人、普通班教師、特殊教育教師、語言治療師以及其他相關服務提供者能夠共同合作。通常的情況是，在為這些學生建立 IEP 目標時，語言治療師會寫下溝通目標，特殊教育教師會寫下社交目標、行為目標、學業目標與獨立作業目標。然而與團隊其他成員的涉入程度不高，當要在普通班教室中實施 IEP 時將會是一個大問題，因為這些目標可能與該環

境無關。如果語言治療師與特殊教育教師在撰寫這些目標時的用意是要在抽離式（pull-out）課程中實施介入，這些目標在本質上就可能比較接近臨床意義。不論是要發展 IEP 目標、ABA 介入目標或兩者一起發展，共同建立在普通班教室環境中有意義、可解決家長與教師之間的優先考量，並具有發展適切性的目標，對於所有團隊成員來說更為重要。評估的有效利用（詳見第 3 章）可讓合作設定目標變得較簡單，因為團隊成員都很了解學生的優勢和興趣、學生在各領域的現況能力，及家長與普通班教師的優先考量。接著就是以團隊方式使用該資訊，並根據評估結果設立目標。

目標撰寫的標準

不論是針對 IEP、ABA 介入或這兩者撰寫目標，都有一些必須遵守的標準。美國聯邦法律規定 IEP 目標必須具有功能性、發展適切性，且是可觀察及可評量的（IDEA, 2004）。目標也應該要顯示精熟程度的標準，並正向陳述。這些要求的每一項都會在以下章節詳細解說，並在表4.1 中做一總結。

● 具功能性的

如果一個目標是具功能性的（functional），則表示對於學生來說是有意義的，而且在達成時也會對學生的生活產生正向影響。這部分與 ABA的應用性向度有直接的相關（Baer, Wolf, & Risley, 1968）。如果目標在本質上是偏臨床性，那麼這些目標對於許多學生來說就沒有太大的意義。例如有一個目標是「夏儂可以將三度空間物體對應到圖片。」這對許多學生來說可能並不是一個具功能性的目標。確定目標是否具功能性的好方法是詢

▶▶ 表 4.1：目標撰寫的標準

標準	敘述
具功能性的	目標對學生來說有意義且適合用於普通班教室。
發展適切的	目標是根據學生目前的現況能力而定。
可觀察的	目標的陳述可以讓所有人能看見學生展現能力。預期行為應非常清楚以便所有人都觀察著相同的事。
可評量的	適當陳述目標以便所有人都可以用相同方式評量。
可顯示精熟程度標準	目標包含證明學生已達成目標所需的評量方式。
正向陳述	目標要陳述能預期學生能學習到的能力，而不是學生做不到或不能做的事。

問：「那又怎麼樣？（so what？）」。如果學生可以掌握目標，那又怎麼樣？這項新能力會如何正向影響學生的生活？如果沒辦法以有意義的方式來回答，這就可能不是一個具功能性的目標。因此，與其教夏儂將物體對應到圖片，可能在自然情境中，從圖片上或影片中教夏儂接受性的指認（辨識）常見的物品還比較有意義。如果她能夠透過指出各項物體學習到辨認常見物體，那她就可以利用這種能力解決各種溝通、社交及學習的需要。接著夏儂就可以學著用指出她想要的物體或該物體的圖片來提出要求。之後這項能力就有助於她利用指著圖片回答問題並對其他事物表達意見，來強化她在學業與社交活動中的參與。

◉ 發展適切的

如果一個目標是具發展適切性的，就表示學生已經準備好要學習所設立的目標。最好的確認方法就是如第 3 章所述進行各種評估來發展學生目

前技能的現況能力。例如，目標為「米雪兒將可以在 80% 的時間裡，以她的輔助溝通裝置用 5 個以上的字來回答課堂上的問題。」如果她目前只能夠使用溝通裝置來回應是與否的答案，這個目標的設定就不是具發展適切性的目標。不過，假使米雪兒目前有時候可以用 5 個以上的字來回答課堂上問的問題，或者如果她在其他的環境中可以持續展現溝通能力時，這個目標就是一個相當具適切性的目標。一旦團隊對於學生在各領域間目前的能力有明確了解之後，下一步即是開始設定具發展適切性的目標。

◉ 可觀察的

如果教師可以實際看到學生展現的能力，就表示目標是可觀察的（observable）。IDEA 的此項規定與 ABA 的**行為性**向度有直接關係。例如「布萊恩將可以享受下課時間。」這樣的目標並無法觀察，因為教師觀察不到享受。享受並非一種特定行為，而且在不同人的身上通常看起來也都不一樣——尤其考慮到有些 ASD 學生在大多數時間可能無法呈現出正向情感。取而代之的是，若一個目標可以陳述為「布萊恩在大部分的下課時間裡可以去玩遊樂區的玩具、玩沙或者玩玩具箱裡的玩具。」教師便可以觀察到學生是否有進行這些玩的行為。教師不只要可以看到目標所陳述的項目，且目標撰寫的方式也必須要讓各個不同人士都可以看到相同的行為。第一個有關學生享受下課時間的範例可能會導致不同的人看到不同的行為，然而第二個玩遊樂區的玩具、玩沙或者玩玩具箱裡的玩具的範例，就可以讓所有人都知道要看的是什麼行為。

◉ 可評量的與可顯示精熟程度標準

如果教師可以評量他們看到學生所做的事，並了解精熟程度的標準

（即目標達成之時），則這個目標就是可評量的。目標陳述中應該要有某個部分可以明確地指出該使用的評量系統種類。教師在可顯示精熟程度的標準中常用的一種方式為提供一個百分比，例如「露西在 90% 的時間裡都可以準時交作業。」或者「珠兒可以完成課堂上的數學作業達 80% 的準確度。」雖然百分比可以是顯示精熟程度的一種有意義的方式，不過並非每一次都是最恰當的數據蒐集方法。例如：「丹尼斯會在合作學習活動中向同學問問題。」這樣的目標並沒有說明進展要如何評量。不過如果你在句子裡加上「獨立」一詞，那目標就變成可以評量，因為精熟程度的標準是「丹尼斯可以獨立（或者不需要教師協助）問問題。」獨立性程度的評分標準系統可以用來監控進展（詳見第 6 章）。前述有關大部分的下課時間裡可以去玩遊樂區的玩具、玩沙或者玩玩具箱裡玩具的範例都是可評量的，因為可以發展一套個別化評分系統來評量學生參與所述活動的時間（全部都沒有、很少時間、有些時間、大多數時間）。有關其他評量進展的方式請參考第 6 章。

● 正向陳述

最後，目標應該要正向陳述（positively stated），這樣有助於教師了解需要教給學生的能力，而不是只凸顯出哪些東西學生做不到。學業標準一向都是正向陳述，例如：「學生將會展現他們知道如何繪出線性方程式的圖形。」就是正向的說法；「學生將不會認為紐約市並非紐約州的首都。」這樣的目標似乎有些可笑，而且對於需要教哪些東西而言確實也沒有太多的指導作用。正向陳述的目標也可以提醒教師要著重於學生的優勢何在，而不是提醒教師為何學生會讓他們很感到挫折。例如，與其寫下「賈斯汀將會停止尖叫。」不如寫「賈斯汀會舉手並靜靜的等著教師叫他。」如果

教師只專注於減少或消除某些行為，通常找不出問題的根源。因此，目標應該要設定成教導學生需要的能力，來取代我們不希望看到的行為。

 ## 目標範本

表 4.2 至表 4.6 提供了一些符合上述各項標準的目標範本。這幾個表中包含範例與非範例，還有一些解釋，可讓你了解符合標準與不符標準之目標間的差異。這些目標範本都是有關社交互動能力、溝通能力、行為、學業與獨立作業的目標。

▶▶ 表 4.2：社交互動能力之目標範例

非範例	為何目標不符標準	範例	為何目標符合標準
學生會在 80% 的下課時間裡跟其他小朋友玩。	這個目標過於模糊。「玩」對不同的人有不同的意義。我們希望學生做的事可能需要更詳細的定義。對普通班教師而言，記錄學生在下課時間跟其他小朋友玩的時間比例並不實際。	學生在連續 5 天中每節下課時間能至少一次以正向的口語以及／或者動作來回應一起玩的同學的請求。	這個預期比較詳細，而且所有人均可以相同方式觀察與評量。普通班教師可以容易的記錄學生是否在每天的下課時間都符合預期。
學生在 5 次機會中有 4 次會參加教室裡的學業與社交小團體遊戲。	「參加」的意義對學生而言並不明確。每個人也可能以不同的方式評量。	學生可以在教室裡的學業與社交小團體遊戲中獨立回應同學的評論與問題。	「參與」對這名學生的定義是回應評論與問題。請注意，「參與」有很多種不同的定義，只要有明確的評量方式即可。在目標裡使用**獨立**這個字眼時，就表示數據是要以獨立性程度評分標準來蒐集，以顯示所需的提示數量。

▶▶ 表 4.3：溝通能力之目標範本

非範例	為何目標不符標準	範例	為何目標符合標準
學生將可以在 80% 的時間裡溝通他想要與需要的東西。	這個目標太模糊。有太多種方式可以溝通想要與需要的東西，因此需要精確描述。計算百分比並不適當，因為教師不一定知道學生每次想要或需要的東西，而且也不一定清楚每次是否有明確溝通。	學生將可獨立從 1 到 10 種類型當中選擇一個圖片符號，並用這個符號告訴大人或同儕他確實想要與需要的東西。	這個行為期望很明確，而且所有人都可用同樣的方式觀察與評量。普通班教師可以記錄學生展現能力所需之提示程度，直到達到獨立為止。
學生在每 5 次機會中有 3 次可以回答問題。	我們問學生的問題中有很多種不同的類型。問題的種類以及我們問他們問題的背景都必須詳加說明。5 次機會中的 3 次僅達到 60%。將目標設定成 5 次機會中有 4 次，或至少達到 80% 會比較好。	學生可以有 80% 的精確度回答有關他們目前活動的簡單問題。	問題的種類定義成簡單問題，而且背景是目前的活動。教學程序中將會提供範例。這些範例可包含如下問題：「你在做什麼？」「照片裡是誰？」「你的名字寫在哪裡？」

▶▶ 表 4.4：行為之目標範本

非範例	為何目標不符標準	範例	為何目標符合標準
學生將可以在 80% 的時間裡保持專心。	這個目標太模糊。學生有很多種方式可以展現專心行為，因此需要針對該學生做精確描述。此外也需要說清楚學生達到預期行為時的背景。記錄專心行為的百分比其實並不容易，所以獨立性程度或其他的評分系統會比較適合。	學生可以在 80% 的時間裡專注在完成作業這個工作上。這個作業對學生來說是符合他年齡的發展，也適合獨立操作的。	預期是學生可以專注在指定的工作上，但是是透過完成這個工作的過程來示範。對於老師來說，觀察及記錄學生是否有完成作業比觀察學生是否有專注在完成作業上簡單許多。普通班老師可以簡單的針對所有學生每天記錄繳交作業的比率是否達80%。
學生在接受指導時可避免前後搖晃。	這個目標並非正向陳述。這只是在說學生不可以做什麼，而非學生可以做什麼。如果 ASD 學生在指導活動中出現固著化或自我刺激行為，主要是因為他們沒有參與在活動中。因此目標應該要放在增加參與。	學生將可以獨立完成教師指導的注意事項，並至少可以在每堂課正確回答 2 個問題的方式來參與全組教學。	目標的重點是學生會出現哪一種行為取代前後搖晃。普通班教師可以指出學生是否可以完成教師教導的事項以及每堂課學生可以答對幾個問題。

▶▶ 表 4.5：學業之目標範本

非範例	為何目標不符標準	範例	為何目標是適當的
學生將可以 100% 的精確度完成數學問題。	這個目標太模糊。數學問題有很多種。此外，重要的是也需要說清楚學生達到期望時的背景。記錄專心行為要考慮到精熟的標準含流暢性或者只是精確度。	學生將有 100% 的精確度能夠完成流暢的基本加法。	這個目標明確指出基本加法，而且精熟程度的標準是學生達到流暢性與 100% 的精確度。
學生可以學到新字彙。	這個目標太模糊，而且也沒說要學到哪一種字彙、學習要如何評量或者要如何決定精熟程度。	學生將有 80% 的精確度能夠用畫圖表示對學科字彙的了解。	行為期望很明確（學生會畫圖），目標與學科字彙有關，而且也訂有精熟程度的標準（80% 精確度）。

▶▶ 表 4.6：獨立作業之目標範本

非範例	為何目標不符標準	範例	為何目標是適當的
學生將可以整理作業。	這個目標太模糊。有很多種不同方式可以整理作業。並非所有人都可用同樣的方式來評量進展，而且也沒有精熟程度的標準。	學生可將沒做完的作業放在指定的資料夾中，並將完成的作業放在指定的籃子裡，且每週需要提醒的次數不超過 2 次。	這個目標可顯示學生如何整理作業（亦即使用未完成作業資料夾以及完成作業指定籃子）。如此既可以評量（顯示每週所需的提醒次數）也有精熟程度的標準（每週不超過 2 次提醒）。

▶▶ 表 4.6：獨立作業之目標範本（續）

非範例	為何目標不符標準	範例	為何目標是適當的
學生每天上學都可以在餐廳裡獨立活動。	學生有很多種方式可以在餐廳中獨立活動。這個目標必須要更詳細說明期望行為。	學生每天上學將可以完成獨立排隊領取午餐所需的所有步驟。	行為期望很明確（獨立排隊取餐）。目標顯示出將會建立一個工作分析，而且也可以記錄學生獨立完成之步驟的數量。

IEP 目標的 ABA 介入

　　ABA 介入對於協助學生精熟 IEP 長短期目標方面很有用，但這並不表示所有 ASD 學生的 IEP 目標都需要 ABA 介入。確定是否需要 ABA 介入來協助學生達成 IEP 目標的一個好方法，就是定期評量學生在對於目標反應上的進展。如果學生在一個特定目標上並未出現進展時，就該針對目標實施 ABA 介入。有些情況下，ABA 教學程序可以針對該 IEP 上的目標來設計。而在其他情況下，比較適當的做法或許會是先將 IEP 目標分解成多個可以用單一嘗試教學的能力，學生必須先學會了這一些能力後，再解決實際的 IEP 長短期目標。例如有個 IEP 目標是「達倫將可在連續 5 個上學日的每天早上到學校時，獨立跟教師和至少一位同學打招呼。」這個目標對達倫來說應該可以在學年結束時達成，不過首先要先教達倫幾個必要的能力──他可能首先要學習如何回應教師打招呼、回應同學打招呼、向教師打招呼以及向同學打招呼，然後才能每天早上到校時向教師與至少一位同學打招呼。這些次能力中，每一個都可以作為 ABA 教學程序的目標。

與 IEP 目標無關的 ABA 介入

在把 ASD 學生融入普通班教室時，很可能有許多能力與行為並不一定包含在 IEP 當中，但還是需要明確的教導。例如學生可能需要 ABA 介入來參與教學活動、進行教室例行作業、遵循教室的規範、交作業、整理教材或者在不同活動之間做轉換等相關的行為。ASD 學生也可能需要 ABA 介入來解決「隱性課程」項目。所謂隱性課程是指經常不會直接傳授，但一般會假設成已知的規矩或守則（Hemmings, 2000），例如人們表示他們想結束交談的方式。在大多數情況下，一般發展的學生會自然而然學習到這些社交規矩，但 ASD 學生通常並不了解隱性課程（Myles & Simpson, 2001），而需要明確教導這些在學校裡沒有明文規定的規矩。例如 ABA 介入可以作為教導學生在廁所、遊戲區、走廊與午餐時間適當行為方面最有效的方法（Myles, Trautman, & Schelvan, 2004）。

另外也有一些普通教育課程目標不一定在學生的 IEP 當中，但學生需要專業的教導才能學習。這些項目可包含閱讀、寫作、數學以及在其他課堂教學程序中無法精熟的學科標準。ABA 介入可以作為課堂教學的一部分，來幫助這些學生。例如，假使有位學生無法在朗讀活動中回答推理理解問題，就可以在一般的朗讀時間中建立並實施 ABA 介入以協助學生學習這項能力。ABA 教學程序能提供教師一些可納入朗讀時間中的額外策略，而不需要另開一項課程。例如 ABA 教學程序可以納入嵌入式單一嘗試教學（詳見第 5 章）來教學生如何回答理解性問題，可以包含提供一些提示來幫助學生回答，並且在學生回答時提供正增強，接著就可以慢慢減少提示直到學生能夠獨立作答為止。這種教學並沒有排擠其他學生的教學，事實上，這些程序也同樣可以用於一般發展的學生。

本章總結

　　普通班教室中的 ABA 介入目標應該要像在第 3 章中所提到的，在蒐集學生評估資料的基礎上進行發展設定。這些目標可以解決以下任何一個問題：

- 直接從學生的 IEP 中選出的目標
- 學生需要學習才能精熟 IEP 目標的先決能力
- 可協助學生主動融入普通班教室並符合行為預期的能力或行為
- 學生沒有自然而然學到的隱性課程能力
- 普通教育課程標準

　　在撰寫目標之後，就可以發展 ABA 教學程序（詳見第 5 章），並可選擇蒐集與分析數據的方法來監控進展與進行教學決策（詳見第 6 章）。

發展 ABA 教學程序

　　本章討論發展應用行為分析（ABA）教學程序的概念性和技術性方法。本章詳細闡述許多行為策略，包括正增強、時間延宕、環境安排、跟隨學生的引導、自我監控、行為動能、提示／褪除程序、嵌入式單一嘗試教學、示範／要求模仿、塑形、後效模仿、平衡輪流、工作分析、影片示範、社會性故事、同儕互助的介入，以及直接教學。這些策略可分為兩類：一是用於提升學生原本已具備的技能，但是尚無法流利一致的表現，或是沒有辦法類化到一般的情境中；另一類策略是用於技能獲取（skill acquisition），即教導學生新的行為和技能。本章最後探討如何使用這些教學策略的組合來發展 ABA 的教學程序。

 ## 發展教學程序

　　第 2 章討論 Baer、Wolf 與 Risley 在 1968 年所提出 ABA 的七個向度，第 4 章討論設定可觀察、可評量、發展適切性的和具功能性的目標，即其中涉及七個向度中的兩個：**應用性**和**行為性**。如果目標對學生、家長和教師具有意義，介入便是應用性的；如果它們也是可觀察和可評量的，它們

便是行為性的。發展教學程序階段,涉及另外兩個向度:程序必須是概念性和技術性的。**概念性**意指教學程序包括已經通過實證研究顯示有效的教學策略。ABA 介入計畫中可以包括多種行為教學策略,本章將討論其中幾種。**技術性**意指教學程序是以一個明確的方式編寫,以確保所有的教師可以運用相同的教學方法實施介入。本章探討建立概念性和技術性教學程序的方法,並且提供相關的範例。

 ## 行為教學策略

　　教師對許多被認為是 ABA 教學概念性架構一部分的行為策略都不陌生。有些策略為大多數教師所知曉並經常對學生使用,教師也可能自然運用某些他們不一定需要透過了解其行為用語才知道的策略。而也有各種各樣的策略可能是特殊教育和普通班教師不熟悉的,但卻對自閉症光譜障礙(ASD)學生相當有效。本章所要介紹的策略有助於在普通班教室中對 ASD 學生正向行為教學介入使用。懲罰和行為消減(behavior reduction)也是行為策略;不過,本書的重點放在使用積極和預防性的 ABA 教學程序,因為它們已被證明較能有效的促進正向行為和教導新技能(Scott & Caron, 2005; Sugai et al., 1999)。本章介紹的 17 種行為策略可以讓教師針對幾乎任何類型的技能發展出有效的教學程序。策略的選擇必須考慮主要目標在於技能表現的提升或技能的獲取。如果你注重表現,學生應實際有所需的技能,但尚無法流利、一致的使用或是沒有辦法類化到一般的情境中;如果你注重技能獲取,學生通常是尚未滿足行為期望所需的技能並需要明確的指示;若著重在技能表現的提升,你可以選擇例如正增強、時間延宕、環境安排、跟隨學生的引導、自我監控、行為動能等策略;若著重

在技能的獲取，你可以選擇提示／褪除程序、嵌入式單一嘗試教學、示範／要求模仿、塑形、後效模仿、平衡輪流、工作分析、影片示範教學、社會性故事、同儕互助的介入、直接教學等策略。請記住，雖然不建議教師在普通班教室選擇實施一種特定的 ABA 方法，例如 DTT、PRT、IT 或 AVB，認知到本章所討論的策略都來自於行為研究，並且有許多都運用在這些特定的 ABA 方法中是很重要的。

◉ 正增強

正增強（positive reinforcement）是一種經常被誤解的行為策略。一些教師說他們正在提供正增強，但他們實際上是在提供重複，以讓學生可以學習。舉例來說，透過對一個學生提供很多機會練習一種特定的學業能力，如加法口訣，教師可能認為他們正在提供正增強。實際上，這是正向練習，而不是正增強。其他教師可能說正增強對他們的學生沒有效果。如果是這樣的話，他們不是在提供正增強，因為正增強的真正定義表明它確實有效：正增強意指在行為增加後所給予的增強物，這個增強物同時也增加該行為未來再次發生的可能性。因此，如果教師表示正增強沒有效果，他們其實是在說增強物無法增強該學生。同類型的事情可能不會在一段時間內持續激勵 ASD 學生；他們可能在一個星期中強烈渴望某些事情，而在下個星期對那些同樣的事情毫無興趣。這時候，進行偏好評估會非常有幫助（詳見第 3 章）。重要的是，教師必須了解正增強有許多不同的類型，包括有形增強（tangible reinforcement）、活動增強（activity reinforcement）、代幣增強（token reinforcement）、社會性增強（social reinforcement）和自然增強（natural reinforcement）。表 5.1 提供每種增強物類型的說明和範例。

　　有一個關於 ASD 學生的誤解，是認為他們經常需要有形增強和活動增強，使他們有動機去完成任務和滿足期望。然而，這根本不是真實的。ASD 學生經常對社會性增強和自然增強有良好的回應。如果學生對任務不斷表示困難和無聊，那麼他們確實可能需要使用有形增強和活動增強。不過，當學生投入於在協助下完成有意義、有趣的活動時，可能需要使用社會性增強和自然增強。

▶▶ 表 5.1：在融合教室的正增強

增強物類型	範例
自然增強	學生向一個同學借一把剪刀。該同學微笑著說：「沒問題！」然後把剪刀交給學生。因為同學正向回應此要求，且該學生獲得想要的東西，該學生被自然的增強在未來對同學做出像這樣的要求。
社會性增強	學生獨立完成一項作業後，教師走近該學生，看著他的眼睛並微笑著說：「太好了，擊個掌！你完成了一件很棒的工作！」
代幣增強	在全組教學期間，每次學生自願回答一個問題時，教師送貼紙給該學生。當學生得到五張貼紙時，可以用它們交換一個喜歡的活動或東西。
活動增強	學生獨立讀完一段文字後，可以有一段使用電腦的時間作為增強。
有形增強	每次學生完成一道數學題時，可以得到一片餅乾。

　　教師也應該注意，不要增強具有逃避動機的行為（escape-motivated behaviors）。如果學生是為了避開某任務或活動而做，學生可能學到的是為了擺脫它而去做某些事情。因此，在本質上，增強逃避動機的行為等同

於提供負增強：以去除令人不快的事情作為一種獎勵行為的方式。取代這種做法的是，教師應考慮他們如何可以使活動本身對學生具增強效果和比較不令人厭惡。當外在增強物是學生的主要焦點時，內在動機會變得難以建立。因此，透過使活動有趣、好玩、活潑和社會性的增強，使活動本身成為正增強，可以促進學生更多的內在動機。

◉ 時間延宕

當教導 ASD 學生時，經常沒有充分運用**時間延宕**（time delay）策略。如果學生沒有回應或發起，教師經常很快就開始提示學生，這可能導致學生對這些提示產生依賴。要避免對提示的依賴性，教師可以在提示之前使用時間延宕，讓學生有機會在沒有協助的情況下給予回應（Halle, Marshall, & Spradlin, 1979）。當使用時間延宕時，提供一段短的等待期間，搭配一個期待的表情和／或期待的肢體語言。一個期待的表情可以是一個微笑、挑高眉毛或溫暖的面部表情；期待的肢體語言可以包括將身體傾向學生、聳肩或把手舉高，彷彿在說：「什麼？」重要的是，當使用時間延宕時，必須靠近學生和與學生視線齊平，使學生學習解讀期待的表情和肢體語言為邀請一個反應或發起。當教師運用時間延宕時，應該是以正向、支持的方式進行，以鼓勵學生在不必擔心答錯的情況下回應。如果在使用時間延宕後，學生沒有做出適當的反應或發起，教師可以再使用其他策略來確保成功。

◉ 環境安排

另一種有效的策略涉及做出**環境安排**（environmental arrangements），以促進溝通和互動（Koegel et al., 1999; McGee, Krantz, & McClannahan, 1985;

Skoku, Robinson, Openden, & Jimerson, 2008）。在普通班教室，可以用四種
不同的環境安排策略來改善 ASD 學生的社交互動和溝通能力。教師可以
把他們想要或需要的東西放在他們搆不著的地方，以提供學生提出要求的
機會；給予他們少量想要或需要的東西，以鼓勵學生要求更多；做某件不
在他們預期中的事，以增加來自學生的發起；或減少環境刺激，以限制分
心和防止感官超負荷。表 5.2 呈現四種可以在普通班教室中使用的環境安
排的範例。

▶▶ 表 5.2：在融合教室的環境安排

環境安排的類型	範例
將想要的東西放在搆不著的地方	如果學生有一本最喜歡的書，把它放置在書架的高處，但要確保學生仍然可以看到它，以促進該學生使用社會溝通能力提出要求。
給予少量想要或需要的東西	如果學生正在做一項作業並且需要大量的某種材料，指定在教室中的一個同學負責分發該材料。每次只給少量，讓該學生有許多的機會向負責分發的同學要求更多材料。
做某件不在預期中的事	如果教師或同學正在與學生一起步行到圖書館，可以故意走錯路，以對該學生創造一個使用社會溝通能力糾正錯誤的機會。
調整環境刺激	如果學生在一個有四位同學的小組，共同合作使用許多不同的數學教具解答一個問題，並感到不堪負荷，可調整該小組為只有該學生和一名同學，並限制他們正在使用的材料量，讓該學生參與手頭上的任務時不致有太多感官資訊而不堪負荷的情況。

◉ 跟隨學生的引導

　　跟隨學生的引導（following the child's lead）是一種用來增加溝通和社交能力的行為策略。這種策略是 PRT（Koegel et al., 1999）和 IT（McGee, Merrier, & Daly, 1999）的基本要素之一。它意味著透過注意學生當下正在做的事，來開始與學生的互動。要有效的使用跟隨學生的引導的策略，教師必須與學生面對面；呈現學生會感興趣的材料、動作和物件；提出符合學生發展水準的要求（Zanolli, Paden, & Cox, 1997）。例如，一個學生在休息時間玩球，教師或一個同學加入 ASD 學生，並主動一起玩球。教師或同學必須與 ASD 學生面對面，提供 ASD 學生成功參與的機會。如果 ASD 學生無法來回丟球，則不要以那種方式展開互動。代替的方法是，鼓勵 ASD 學生來回滾球（如果 ASD 學生能做到這一點）。玩球之後，教師或同學可以導入 ASD 學生感興趣的不同材料來一起玩。

　　當嘗試讓 ASD 學生和一般發展同學建立互動時，教師的自然本能經常會做與跟隨學生的引導相反的事——他們嘗試讓 ASD 學生參與一般發展同學正在做的事。當教師這樣做時，他們最後會同時面臨三種不同的挑戰：處理 ASD 學生的社交互動困難、處理 ASD 學生的注意力不集中，和處理難以讓 ASD 學生參與他們缺乏興趣或所需技能的活動。如果你跟隨 ASD 學生的引導，並不意味著他將自動開始以正向的方式進行互動。ASD 學生可能仍然嘗試從互動逃脫，如果出現這種情況，一定要使用額外的策略，以建立與 ASD 學生的互動。不要只是跟在 ASD 學生身邊；這不是此策略的意圖。跟隨學生的引導，增加 ASD 學生能夠參與的可能性，但在必要時必須使用其他策略的組合，以建立和維持互動。

◉ 行為動能

行為動能（behavioral momentum）是一種用來增加學生回應困難或具有挑戰性任務的激勵策略。此策略是在對學生提出一個比較困難的要求之前，先提出兩個或三個容易的要求（Davis et al., 1994; Jung, Sainato, & Davis, 2008）。當 ASD 學生被要求進行一個接一個具有挑戰性的任務時，教師可以記下會發生什麼事。一般情況下，ASD 學生將封閉自己並停止嘗試，因為他們不覺得他們能成功。如果發生這種情況，使用行為動能可以提供這些學生需要的動機。例如，如果目標是要識別母音，ASD 學生已經認識 /a/ 和 /o/，教師可以使用下面的教學順序：

1. 對該學生舉起一個 a 字卡，並問它應發什麼音。
2. 對該學生舉起一個 o 字卡，並問它應發什麼音。
3. 對該學生舉起一個 i 字卡，並問它應發什麼音。

透過提出容易－容易－困難的要求，讓 ASD 學生建立動能（momentum）或自信，學生比較可能願意嘗試具有挑戰性的要求。這種模式應在整個課程或活動中持續進行，以維持動機。

◉ 自我監控

自我監控（self-monitoring）是一種涉及教導學生如何監測自己的表現，以增加動機和促進正向行為的策略。這種策略已被廣泛用於改善 ASD 學生的學業、社交行為和獨立作業（Coyle & Cole, 2004; Dipipi, Jitendra, & Miller, 2001; Koegel, Koegel, Hurley, & Frea, 1992; Pierce & Schreibman, 1994）。相較於由教師負責記錄學生的表現，當學生自己記錄

自己的行為時，他們會更加覺察自己的行為，並且可能改善他們的行為。
當使用自我監控時，Ganz（2008）建議如下：

1. 選擇一個特定目標或目標行為。
2. 與學生討論期望，並提供使用自我監控的理據。
3. 選擇一種增強物。
4. 透過角色扮演活動，教導學生如何記錄自己的表現和自我增強。
5. 剛開始由教師和學生一起記錄學生的表現，直到學生能夠準確的記錄時，教師便不再記錄。

自我監控可有效減輕教師行為管理的工作量，讓教師更能滿足教室裡所有學生的需要。圖 5.1 提供一個使用自我監控工具完成教室作業的範例。

日期			學生姓名
1／22			雅各
作業名稱	我完成了作業（是或否）	我交了作業（是或否）	獲得點數（每次交作業可獲得 5 點）
閱讀（強尼蘋果核戰記）	是	是	5
數學（乘法表）	是	是	5
寫作（最喜歡的動物）	否		
科學區（科學活動）	是	否	
			總分10

▶▶ **圖 5.1：自我監控完成作業的範例**

◎ 提示／褪除程序

　　ASD 學生經常在回應某些要求或做出發起時，因著提示依賴（prompt-dependent）或依賴某些線索或協助而被「責怪」。事實是，如果一個學生過度依賴提示，應該責怪的是教師和家長。如果大人不系統性的褪除他們給予學生的提示，那麼學生必定會依賴這些提示。提示／褪除程序（prompting／fading procedure）是一種包括教學技巧的行為策略，透過提供提示或線索，然後逐漸褪除提示的強度，以盡快促進獨立回應。

　　有兩種不同的方法可以用來系統性的褪除提示：**最少到最多提示**（least-to-most prompts）和**最多到最少提示**（most-to-least prompts）。使用最少到最多提示時，每次做出一個要求時，給予可能使學生成功做出回應的最起碼的提示。如果學生對所提供的提示無法做出回應，教師應提高提示的強度，使學生可以成功給予回應。隨著要求被一次又一次的提供，教師應選擇認為學生顯示目標行為所需要的最少提示。最後，所需的提示強度變得越來越低，直到完全不需要提示。例如，如果你在小組閱讀時間教一個學生回答閱讀理解測驗題目，你可能透過重新讀含有該問題的答案的那段文字，開始提示該學生——如果你認為這是該學生提供一個正確反應所需要的全部提示。不過，如果該提示不能幫助該學生回答出答案，你需要透過向該學生展示書中關於該問題的圖畫，以增加提示的強度。下一次你問該學生一個問題時，該學生應該有機會在無圖畫線索的情況下回應。無論是哪一個提示成功的讓學生提出正確的回應，每次提供一個新的回應機會時，你應該嘗試使用一個比較不強烈的提示。

　　使用最多到最少提示時，確保從成功的強烈提示開始，然後慢慢減少提示的強度。例如，如果你教一個學生在班上排隊，一開始你可能以手牽著該學生並帶該學生走到隊伍裡。漸漸地，隨著未來提出要求，提示可以

褪除到走在學生旁邊但不牽著手、面對面指引方向然後指向隊伍、面對面指引方向而沒有指向隊伍，到靠近該學生指引方向，和最終到在房間內的任何位置指引方向。無論你使用的是最多到最少提示或最少到最多提示，只要學生能夠獨立做出回應，都應盡可能快速的褪除提示的強度。主要的區別是，使用最多到最少提示時，以最強烈的提示開始和褪除，而使用最少到最多提示時，以你認為的學生回應可能需要的最少提示開始，如有必要，增加提示的強度，然後褪除。

你如何決定應該使用最少到最多提示或最多到最少提示？一般而言，如果該學生沒有回應某個要求所需的技能時，使用最多到最少提示以避免挫折和任務逃避。不過，如果學生有一些所需的技能，但不是全部，使用最少到最多提示，以促進盡快獨立回應並防止提示依賴性。

可使用的提示有幾種不同的類型：肢體、手勢、聽覺和視覺（Wolery, Ault, & Doyle, 1992）。肢體提示包含某種觸碰，範圍可以從帶著做（hand-over-hand）的協助，到鼓勵學生回應的一個輕拍。口語提示的例子包括重複指示、給予口語提示或口語重新指示。視覺提示包括實物、圖片、圖畫符號或文字。姿勢提示包括指向、點頭或搖頭、伸出一定數量的手指來指某事，或用一種手勢符號，如舉起手來表示「停止」。有些人認為肢體的提示是最強烈的，其次是口語、視覺，然後手勢。不過，這並不一定正確。考慮教一個學生獨立完成課堂作業時，一個身體上的提示，例如輕碰學生的肩膀，以鼓勵任務上的行為，可能實際上不如一個口語提示強烈，例如：「如果你想要去休息，你需要先完成你的工作。」因此，所使用的提示類型不一定是最重要的；是否系統性的褪除提示的強度，直到學生完全不需任何提示才是最重要的。

◉ 嵌入式單一嘗試教學

嵌入式單一嘗試教學（embedded discrete trials）策略是將 Lovaas（1987）提出的教學程序，持續地運用在教室日常作息和活動中。該教學程序如下：

1. 前事（要求、指示、評論、問題，或其他做出回應的機會）
2. 提示（如果必要；但需盡快褪除）
3. 行為（學生適當的回應前事）
4. 後果（正增強）

這個教學程序可用於在學校整日的許許多多技能。例如，如果學生的目標之一是對一個由教師發表的評論做出回應，嵌入式單一嘗試可以使用在團體討論時間、小組教學、全組教學、學習區時間、轉換時間、課間休息和午餐期間。下面是在學習區時間使用嵌入式單一嘗試教學教學生回應一個評論的範例。

前事：學生在寫作學習區時間正在看一本雜誌上的一張圖片，教師加入學生並說：「這是一張有趣的圖片。」

提示：學生對該評論沒有做出回應，所以教師再次說出該評論並指向圖片中有趣的東西。

行為：學生說：「青蛙。」

後果：教師說：「是的，青蛙跳上餐桌！」並對學生微笑。

◉ 示範／要求模仿

示範／要求模仿（modeling／request imitation）策略是另一種較少對

ASD 學生使用的策略。該策略是先向學生示範你期望學生做什麼，提供學生模仿機會的同時，給予直接支持和回饋（Buffington, Krantz, McClannahan, & Poulson, 1998）。有些人可能認為此一策略是提示的一種形式；不過，因為教師可能在 ASD 學生不一定需要時，對他們提供過度的提示，故此策略是在過度幫助學生之前，給予教師考慮的另一種方法。例如，如果對學生的目標是完成重新組合的兩位數加兩位數的數學問題，使用示範／要求模仿的教師可以先透過演示如何完成這個問題，然後給學生一個類似的問題去完成。雖然這聽起來像是常識，教師卻可能會直接給予口語提示，例如：「從個位數開始算」、「記得個位數超過 10 要進位」，或「不要忘記加 2」。如果你過於頻繁使用這類口語提示，學生可能變得依賴並且無法獨立完成問題。需要注意的是，在教一個學生執行某種技能或行為的時候，可以多次使用示範／要求模仿。在教學階段初期，教師可以示範某件事情，但是應避免在整個學習階段都一直在示範。此外，有時候會省略該策略的要求模仿部分。教師進行教學時會很自然的使用示範，但是卻沒有提供學生模仿的機會，並且也沒有在學生試圖模仿演示的事情時，給予即時支持和回饋。

● 塑形

在行為語言中，*塑形*（shaping）策略意味著透過增強逐次接近一個想要的行為之歷程（Cooper, Heron, & Heward, 1987）。換句話說，透過設定一個期待的成果或目標來使用塑形策略，期間使用正增強，讓學生越來越接近達成該期望。教師必須了解，為了讓 ASD 學生從起點到達終點，學生必須先通過許多階段。隨著學生做出小的改進逐次增強他們，他們比較容易受激勵以達成下一個期望。這是相反於當學生沒有滿足期望時提供負

向結果。當 ASD 學生沒有達成教師的期望時，經常是因為他們缺乏所需的技能，他們的焦慮堵住他們，或者他們缺乏動機。使用塑形策略時，教師可以設定小目標，讓學生可以輕鬆的學習所需的技能，這有助於減輕焦慮和增加動機。以下是一個描述教師在全組教學期間使用塑形策略程序來教導一個學生舉手的情景：

　　加白列是一個七年級的學生，在全組教學期間，他經常對教師的提問喊出答案。為了教加白列如何舉手和等待老師叫他，他的科學課教師開始在他喊出一個答案同時舉手時，對加白列提供正增強。在提供具體的讚譽後，教師說：「我很高興你舉起你的手，但是，下一次請等我叫你。」下一次當加白列在喊出一個答案同時舉手時，教師沒有提供正增強，而是提醒加白列舉手和等待老師叫他。當之後加白列舉手但沒有喊出來時，教師馬上叫他，並且提供關於他的反應的正向評論。然後，教師要求加白列每次在被叫到前等待稍微長的時間，並且對他的回答提供具體的稱讚。最終，就像教室裡所有的其他學生一樣，加白列能夠舉手和等待老師叫他。

● 後效模仿

　　後效模仿（contingent imitation）有點類似跟隨學生的引導。這種策略意味著模仿該學生正在做的事情，以建立一個互動（Cautilli & Dziewolska, 2005; Gazdag & Warren, 2000）。例如，如果該學生正在以積木建一座塔，教師或同學可以靠近該學生，然後模仿該學生建一座同類型的塔。有時候，如果該學生正沉浸在某項活動，後效模仿是讓 ASD 學生注意另一個個體的唯一途徑。不過，一旦該學生回應後效模仿，可以嘗試使用示範／要求模仿，設法使該學生模仿教師或同學。有些人可能認為如果 ASD 學

生正在從事固著或自我刺激的行為，則模仿該學生是不恰當或奇怪的。然而，以下是一位教學者在一名 ASD 學生正在從事自我刺激行為時，使用後效模仿與該學生成功建立一個正向互動的情況：

　　艾咪是一位早療專家，她在一間幼兒園教室中幫忙一個 4 歲的女孩。有一天，艾咪走進教室並且走近這位小女孩。她要求小女孩給她一個擁抱，但小女孩沒有理她。然後她要求小女孩擊掌，但小女孩也不理她。原因是這個小女孩正專注沉浸在輕敲教室裡布告欄上的星星。這是一個自我刺激行為，包括以她的指關節輕敲一個星星，然後下一個星星，然後再下一個星星等等。因此，經過兩次嘗試失敗之後，艾咪決定以她的指關節輕敲星星來模仿小女孩。隨即，小女孩抬頭看著艾咪，笑了。艾咪接著說：「擊個掌。」小女孩也這樣做了。艾咪透過先模仿學生的行為，然後迅速提供學生回應她的機會，成功建立了一個互動。

◉ 平衡輪流

　　平衡輪流（balanced turn-taking）對協助有社交互動困難的學生是一種有效的策略。教師或同學須建立一個平衡、往復的互動，以增加 ASD 學生的注意力和參與的長度（Landa, 2007; MacDonald & Carroll, 1992; Noonan & McCormick, 2006）。雖然這聽起來可能很簡單，但需要仔細的透過規劃設計活動或者是互動以提供 ASD 學生所需要的協助，才能夠確保學生與他人一來一往長時間的互動得以持續進行。教師必須考慮該學生的現況能力，以確保對該學生的要求是具發展適切性的。以下的情景描述了如何在 ASD 學生和一般發展同學之間建立平衡輪流：

　　布萊恩是一位患有自閉症的四年級學生，他已經精熟基本乘法。他的教師用布萊恩的這個強項來為他和一位同學建立一個鼓勵平衡輪流的活動。教師給予兩位學生一組乘法記憶卡。要求他們將這疊卡片平分成每人一半，並輪流向對方呈現一張卡同時大聲回答。因為這項活動是有組織性的，而且布萊恩已經掌握適當回應所需的乘法運算技能，它使布萊恩與同學維持長時間的往復互動。

◉ 工作分析

　　在第 3 章，**工作分析**（task analysis）被視為一種可評估獨立作業能力的方法，對於 ASD 學生也可以用來作為一種有效的教學策略。工作分析策略包含將一個任務分解為連續的步驟，然後用逐步的方式教導學生。使用工作分析時，可以有三種方法：正向連鎖、反向連鎖和整體任務演示。**正向連鎖**（forward chaining）即先教第一個步驟，然後第二個步驟，然後第三個步驟，依此類推，直到學生可以獨立完成整個任務。**反向連鎖**（backward chaining）是指先教最後一個步驟，然後加入倒數第二個步驟，依此類推，直到學生能獨立完成整個任務。**整體任務演示**（whole-task presentation）是逐步增加學生的參與，透過每個新機會讓學生參與任務的步驟，但不一定是從第一個或最後一個步驟開始，而是讓學生首先參與在對學生而言最容易做的步驟。使用正向連鎖、反向連鎖或整體任務演示，取決於所教的任務和個別學生。例如，你可以使用正向連鎖教導學生如何啟動電腦，因為任務的每一步對學生的困難度都是在同等水準。然而，你可以使用反向連鎖教導學生洗手，因為最容易的部分是將衛生紙丟在垃圾桶。你可以使用整體任務演示來教一個學生計算長除法的問題，因為學生已經掌握任務的中間部分的技能。工作分析可以用來教導日常生活技能、

正向行為、社交能力、溝通能力和學業能力。以下是一個在語言藝術區的字詞活動的工作分析範例：

1. 從籃子裡選擇一張圖片。
2. 把圖片黏在你的紙上。
3. 用你自己的話，寫出圖片裡物品的定義。
4. 寫一個包括圖片裡物品的句子。

教師可能會選擇使用正向連鎖教導學生如何完成這個任務，因為這些步驟的困難度是逐漸增加的。

● 影片示範

影片示範（video modeling）是教導 ASD 學生透過觀看另一名學生做出期望行為的影片，來模仿某些行為的策略（Bellini, Akullian, & Hopf, 2007）。教師還可以使用學生自己從事一個期望行為的影片做影片自我示範，以增加特定行為的使用（Dowrick, 1999）。在實施此策略時，具有錄影功能的數位相機十分有幫助，因為教師可以很快的將捕捉到的行為錄影，並上傳到電腦讓學生觀看。對於在普通班教室中的 ASD 學生，這樣的策略相當有效果，因為課堂上有許多的行為可以錄下來作為教師要學生學習的正向模範。一旦行為被拍成了影片，學生可以觀看它們，談論他們觀察到什麼，角色扮演他們觀察到的事情，然後在教室的自然情境下增強這些演示的行為。通過影片示範或影片自我示範，可以教導各種正向行為和社交、溝通、學業、獨立作業技能，例如排隊、互動遊戲技能、專注在工作上的行為、問候他人、尋求幫助和交作業。

◉ 社會性故事

社會性故事（Social Story）（Gray & Garand, 1993）已被使用於教導 ASD 學生各種社交能力和正向行為。此策略要編寫一則清楚說明行為期望的簡短故事，它們通常是從學生的角度編撰，讓學生可以連結到故事中所提供的資訊。下面的範例是教導普通班教室的 ASD 學生如何尋求幫助的社會性故事：

我的名字是詹姆士，我在念四年級。我是個努力做作業的聰明學生。有時候我會被事情卡住和需要老師的幫助。這是正常的。許多學生都需要老師的幫助。當我需要幫助時，我舉起手靜靜等待老師過來。當老師過來時，我請老師幫助我。我的老師喜歡我能在需要時尋求幫助，這樣我才學得到東西。

社會性故事可以與各種其他策略一起使用，以提高它們的效益。教師可以問學生有關於故事理解的問題，並讓他們參與角色扮演以提高其有效性（Chan & O'Reilly, 2008），也可以合併使用影片示範來提高學習興趣（Sansosti & Powell-Smith, 2008）。使用 PowerPoint 可以很容易的創作社會性故事，並插入學生的圖片，或插入影片展示出學生或是其他同學所表現的期望行為。當教導學生社會性故事中聚焦的行為時，使用提示／褪除程序和正增強也十分有效（Swaggart et al., 1995）。另外，也可以教學生使用自我監控策略來記錄自己滿足社會性故事所表現出的期望行為（Thiemann & Goldstein, 2001）。

◉ 同儕互助的介入

　　同儕互助的介入（peer-mediated intervention）是一種運用一般發展同學對 ASD 學生創造有意義的學習機會的策略。一般發展同學需先接受使用行為策略的訓練，包括如本章所討論的那些促進與 ASD 學生正向互動的策略（Morrison, Kamps, Garcia, & Parker, 2001）。如果沒有先提供一般發展學生訓練和支持，他們往往會因為不知道如何回應 ASD 學生的發起，而避免與 ASD 學生互動（DiSalvo & Oswald, 2002）。然而，當同學們學習讓 ASD 學生對他們有反應時，經常同儕會從該反應得到正增強，並增加他們對該學生的主動性，而不需要教師多次提醒這樣做（Robertson, Green, Alper, Schloss, & Kohler, 2003）。教師可以使用同儕互助的介入來提高社交互動能力，增加學業活動的參與，以及促進普通班教室中正向行為的發生。

◉ 直接教學

　　直接教學（direct instruction）是幾十年來已被證明有效的明示教學模式（Breen, Haring, Pitts-Conway, & Gaylord-Ross, 1985; Haring & Ryndak, 1994）。雖然已發展出多種特定的直接教學課程，如**閱讀精熟**（*Reading Mastery*）（McGraw-Hill, 2008）、**學習語言**（*Language for Learning*）（McGraw-Hill, 1999）和 **Distar** 算術（*Distar Arithmetic*）（McGraw-Hill, 1992），直接教學模式可以用於幾乎任何技能的教學。此模式包括五個步驟：

1. 介紹（基本原理、獲取背景知識、激勵學習者）
2. 課堂演示（提供一個簡短的迷你課程，以教導特定技能）
3. 指導操作（提供機會，讓學生在教師支持下展示技能）

4. 獨立操作（學生在無教師支持下展示技能和接收即時回饋）

5. 結束／類化（總結學到了什麼；提供機會，讓學生在各種可得到回饋的情境使用技能）

教師可以使用此教學模式教導學生學業能力、行為期望、社交能力、溝通能力和獨立作業能力。這可作為一個全組課程、小組課程或一對一教學。

 ## 設計技術性教學程序

本章中討論的行為策略可以彼此結合，用來為 ASD 學生發展特定目標的技術性教學程序。某些教學程序可能只包括所討論的策略之一，而某些教學程序中則可以包括各種策略。表 5.3 提供本章所討論的策略列表，每個策略有一段簡要說明，作為教師在發展教學程序時使用的提醒。雖然行為策略必須包括在 ABA 考慮的介入教學程序，但這並不意味著其他經由實證證實過的有效策略不能或不應該在適當的時候包括在內。例如，當發展教導學生如何回答理解問題的教學程序時，所可能包括的行為策略像是嵌入式單一嘗試教學和時間延宕，但你也可以在學生獨立閱讀教材以改善理解力之前，建議學生聽有聲書。

▶▶ **表 5.3：行為教學策略**

策略	簡要說明
正增強	學生表現出一個想要的行為後，提供一個獎勵的結果，以增加該行為未來再次發生的可能性。
時間延宕	提供一小段等待時間，搭配期待的表情和肢體語言，以鼓勵學生發起或反應。
環境安排	將學生想要的物品放在搆不著的地方、給予少量想要的項目、做一些不在預期中的事情，或調整環境刺激。
跟隨學生的引導	注意學生正在注意的，以建立一個正向互動。
行為動能	使用一系列「容易－容易－困難」模式的要求，以提升學生的動機。
自我監控	教導學生如何使用自我評估工具，監督自己的表現。
提示／褪除程序	提供協助，以使學生成功回應，然後系統性的褪除所提供的協助，直到學生可以獨立滿足期望。
嵌入式單一嘗試教學	提供一個前事（供學生回應或主動發起的機會），必要時給予提示，並在學生適當回應後提供正增強。
示範／要求模仿	演示期望學生做的事情，提供學生模仿的機會，並在學生模仿或嘗試模仿時提供回饋和支持。
塑形	增強一個想要的行為，逐次接近，以使學生越來越接近最終目標。
後效模仿	模仿學生正在做的，以建立一個正向互動。
平衡輪流	建構與學生的互動，以建立長時間的往復互動。
工作分析	分解一個任務成為個別的步驟，使用正向連鎖、反向連鎖或整體任務演示來教導學生。
影片示範／影片自我示範	放影片剪輯給學生看，其中同學或真實的學生正在展示一個想要的行為，以增加學生使用影片中展現的行為。

▶▶ 表 5.3：行為教學策略（續）

策略	簡要說明
社會性故事	使用教導行為或社會期望的清楚陳述，編寫從學生的角度出發的簡短故事。
同儕互助的介入	教導促進同學和學生之間正向互動的同儕策略。
直接教學	提供明示教學，包括一個介紹、課堂演示、指導操作、獨立操作和結束／類化。

　　當撰寫教學程序時，建議你以楷體（或粗體）顯示實際的行為策略，同時也提供具體的範例。這會增加實施的一致性。教學程序越清楚和越具體，不同的人將越有可能以同樣的方式實施它們。此外，為解決類化性（ABA 的向度之一），教學程序的編撰最好可以使它們能夠在各種背景和環境實施。表 5.4 是使用行為策略來教學生如何回應評論的技術性教學程序的一個範例。請注意，這些教學程序可以很容易在任何有不同同儕和成人的環境中實施。第 7 章有許多包括技術性、概念性程序的 ABA 教學計畫範本，其編撰方式可以讓學生類化他們正在學習的技能。

▶▶ **表 5.4：技術性教學程序範例**

目標

學生將獨立回應與當前活動有關的評論。

教學程序

1. 當學生正在從事一個活動，提出一個關於學生正在做的事的評論。

2. 如果學生回應，透過提出一個額外的正向評論或具體稱讚，面帶微笑，或參與他的活動來提供**正增強**，如果這對學生會是愉快的。

3. 如果學生對該評論沒有回應，使用**時間延宕**以鼓勵學生回應。例如，在畫圖時，你可以說：「我喜歡你的圖畫。」並以期待的表情等待。如果他回應，則提供正增強。例如，如果學生接著說：「我正在畫一個太陽。」你可能微笑著說：「你的太陽看上去很美！」

4. 如果給予時間延宕後學生沒有回應，再次陳述該評論，或以你認為學生可能會回應的方式改說該評論。如果還是沒有反應，採用**嵌入式單一嘗試教學**的策略，以確保有所回應。例如，再次陳述評論，如果學生沒有回應，提供一個提示。該提示可以包括填空題，以便學生可以對評論做出回應。例如，你可能說：「我正在畫一個_____。」以鼓勵學生在句子中填入內容，作為「我喜歡你的圖畫」評論的回應。你也可以使用一個手勢提示，在提出評論後指向圖畫中的太陽，以鼓勵學生回應。一旦學生回應，提供正增強。隨著你為了更多的學習機會提供更多的嵌入式單一嘗試教學的策略，一定要褪除先前所提示的類型。雖然你可以問學生一個問題作為提示，比如：「你在畫什麼？」但這應該是最後的手段。其原因是，許多學生學會回答問題，而不是回應評論。如果我們透過問一個問題提示學生回應一個評論，我們實際上是在教該學生再次回應一個問題。不過，如果你確實需要問一個問題來得到一個回應，在問題後面立即接著陳述原來的評論，以鼓勵學生在沒有問題提示下回應。

本章總結

　　本章所介紹的策略呈現出行為策略的一個範本，可以用來教導社交互動、溝通、學業、行為和獨立作業能力。當發展 ABA 教學程序時，正如在表 5.4 中提供的範例，你很可能使用許多相互配合的策略。這些策略的組織安排取決於它們是被用來提高技能表現或是技能獲取。不過，如果你要為學生正在獲取的一種技能發展教學程序，並不意味著你不能使用一些技能表現策略。事實上，正增強應包含在所有的教學程序中，無論重點是技能表現或技能獲取。發展 ABA 教學程序的最重要向度為概念性和技術性。這些程序應包括本章內容所提到的那些行為策略，以及它們應以詳盡、具體的方式撰寫，以確保所有教師能用同樣的方式實施介入。

數據蒐集與分析

　　教師經常會對**數據蒐集**與**進展監控**有一些抱怨。他們常想:「我只想要執行教學,而不必為蒐集數據傷腦筋。」其實真相是——數據蒐集是真正了解學生是否正在學習教師教導內容的唯一方法。對數據蒐集產生消極看法的可能原因,是多數教師未接受過正確的相關訓練以運用各種有意義且實用之數據蒐集方法。事實上,當教師持之以恆的運用數據蒐集時,將會對教師有很大的助益,因為這樣一來他們才能夠真正的觀察學生每天的進展。本章內容包含數據蒐集的基本原理、各種數據蒐集方法的說明、數據紀錄表範例,與如何判定是否達到精熟的過程以及當學生沒有進展時應如何回應。

 ## 數據蒐集的基本原理

　　熟悉 ABA 教學程序的人都了解數據蒐集的重要性。然而,他們卻未必完全理解數據蒐集的基本原理。在許多採取 ABA 教學的情況中,學生是在特殊教育環境下進行一對一的教學,教師通常按照「書本」中的說明去使用 ABA 來教導學生。這些書中通常包含著大量的數據紀錄表。數據

蒐集的涵義並非是蒐集大量數據，彷彿只為了證明有蒐集到這些數據，且有些人無法理解這一點。事實上，倘若資訊沒有以圖表表示，並且定期分析資訊而做出教學決策，數據的蒐集就沒有意義。數據蒐集的兩項主要目的為：監控進展與判定精熟度。利用數據蒐集來監控進展，表示教師要定期檢查數據，從而判定學生是否有適當的進步。運用數據蒐集來判定精熟度，代表著教師要利用數據來了解學生何時能符合特定目標。當最一開始定下目標時，該目標必須包含第 4 章所討論的精熟程度的標準。精熟程度的標準通常會顯示數據蒐集的方法。例如，精熟程度的標準為達到 80% 的正確率時，就應蒐集百分比數據。在普通班教室運用 ABA 教學程序時，蒐集數據的方法必須適當，而且要合理的考慮教室的情境。普通班教師可能採用的數據蒐集方法與特殊教育教師採用的方法會有顯著的差異。因此，後續章節會說明各種可以在普通班教室容易使用的數據蒐集方法。

數據蒐集的程序

　　無論採用哪一種數據蒐集的方法，重點在於將數據形化成圖或表以進行視覺上的分析。蒐集到的數字與數據紀錄表是不容易理解的。因此，當數據能以視覺化的方式呈現時，教師就能清楚觀察學生的進展或缺乏。這樣教師就能盡早做出教學決策，從而確定學生是否能在該學年內獲得適當的進步。當教師與家長面對面進行商討或個別化教育計畫（IEP）會議時，教師可呈現這些視覺化的數據，協助家長了解其孩子所獲得的進步。這樣對個別化教育計畫的團隊成員也有所助益。將數據形化並不需要花費太多的時間，事實上，本章所討論的每一種數據蒐集方法都能在短時間內將數據形化成基本的圖表。

定期蒐集數據是很重要的，教師不能在方便時或剛好想起來時才決定蒐集數據。對某些目標來說，每天蒐集數據是最適當的，其他目標一週蒐集三次即可，某些特定目標則一週蒐集一次數據可能就已足夠。然而，必須持之以恆的蒐集數據，而且要以相同的頻率，一週又一週的蒐集數據，否則蒐集到的數據可能會受到曲解。例如，一名教師隨機蒐集數據，他可能會在學生表現不良或表現特別好時才蒐集數據。一般來說，建議每天蒐集數據為佳，只要能夠符合教室情境與目標的屬性。當你有各種不同的程序要選取時，保持慣性的蒐集數據會讓選擇更容易決定。以下會詳細討論百分比數據、獨立性程度數據、個別化評分系統、頻率數據，以及是／否數據。

◉ 百分比數據

對 IEP 與 ABA 介入的目標來說，監控進展與判定精熟度最常用的數據蒐集方法是**百分比數據**（percentage data）。百分比數據蒐集在普通班教室的情境下可以適用於許多的學業目標。例如，可以使用工作樣本，以百分比數據來監控閱讀理解、數學、拼字和各領域教學的目標進展。倘若學生完成 10 道數學問題、回答 5 道理解性問題、在一次拼字測驗中拼出 10 個字，或參加社會研究或科學的單元多選題測驗時，將答對的數目除以總問題數就能輕易獲得正確的百分比。在某日或某週內，將學生繳交的作業數目除以指定的作業數目，就能輕易的用百分比數據獲得工作完成度。

然而，百分比數據蒐集經常會遭到濫用，它不一定是蒐集數據的最佳方法。數據蒐集的方法應取決於學生的目標，例如，許多溝通與社交互動目標的進展無法容易的利用百分比數據來監控。請思考以下目標：「潔西卡利用簡單的句子表達出她想要的東西，達 80% 的正確率。」這類的目

標常見於 ASD 學生的 IEP 中，但實際情況是，教師並不一定知道學生在
指定期間內有多少機會可以表達出自己想要東西，因為教師不能夠進入學
生的腦袋中去真正獲悉學生的實際需要。倘若不知道機會的數目時，就不
可能採用百分比數據蒐集。請思考以下目標：「大衛用了 70% 的休息時間
與同儕一起遊戲。」倘若教師利用百分比數據監控此一目標的進展時，表
示教師必須算出大衛在休息時間會花幾分鐘與同儕一起遊戲，而且要將遊
戲時間除以學生休息時間的總分鐘數。當普通班教師還要在休息時間負責
照顧班上的其他同學時，這就是個不合乎實際的數據蒐集方法。儘管百分
比數據蒐集對部分的目標來說很有用，但重點是教師必須了解百分比數據
蒐集並非一定是最適當的方法。

圖 6.1 呈現一個百分比數據蒐集紀錄表範本。該表的設計使教師能輕
易的圈出特定日期的正確百分比或採用**反覆試驗的數據**（trial-by-trial
data）。採用反覆試驗的數據表示學生每次都有一次回應的機會，而教師
會將 C 劃記表示正確，或將 I 劃記表示不正確。倘若學生完全不回應或需
要提示才會回應時，也視為不正確。然後將正確回應數除以機會總數，就
能得出正確百分比。為了建立視覺化的數據，可圈出百分比並畫出一條線
連接先前日期的分數與目前分數。教師可利用自己的百分比數據表或利用
電腦程式（例如 Excel）來記錄並繪製百分比數據。請記住：蒐集數據並
以視覺化方式呈現數據以及監控進展，能使教師根據資訊做出教學決策，
並判定何時能達到精熟。

學生姓名			目標		
潔西卡			回答理解題		
嘗試	日期 9/03	日期 9/04	日期 9/05	日期	日期
10	C / I 100%	C / I 100%	C / I 100%	C / I 100%	C / I 100%
9	C / I 90%	C / I 90%	C / I 90%	C / I 90%	C / I 90%
8	C / I 80%	C / I 80%	C / I ⟨80%⟩	C / I 80%	C / I 80%
7	C / I 70%	C / I 70%	C / I 70%	C / I 70%	C / I 70%
6	C / I 60%	C / I 60%	C / I 60%	C / I 60%	C / I 60%
5	C / I 50%	C / I ⟨50%⟩	C / I 50%	C / I 50%	C / I 50%
4	C / I ⟨40%⟩	C / I 40%	C / I 40%	C / I 40%	C / I 40%
3	C / I 30%	C / I 30%	C / I 30%	C / I 30%	C / I 30%
2	C / I 20%	C / I 20%	C / I 20%	C / I 20%	C / I 20%
1	C / I 10%	C / I 10%	C / I 10%	C / I 10%	C / I 10%

▶▶ **圖 6.1：正確百分比數據紀錄表（C：正確；I：不正確）**

● 獨立性程度數據

　　獨立性程度（level of independence）的數據蒐集很簡單且有效，也能用於許多目標，同時監控進展和精熟度。此數據蒐集的方法是建立評分系統，顯示出學生達成目標的支持需求程度。使用評分系統來獲得獨立性程度數據的範例如下：

　　1. 最多提示（學生需要很多的協助並且無法獨立完成）

　　2. 中度提示（學生需要協助但有部分可以獨立完成）

3. 最少提示（學生可以獨立完成但需要少許協助）

4. 獨立完成（學生無需任何協助就能表現技能）

　　當使用這類評分系統時，教師要記錄學生在指定時間內的一般表現。這段時間可能是上課日全天、上課日部分時段或上課時間。利用這種數據蒐集方式時，就無須執行反覆試驗的數據蒐集。教師只要記錄學生在整個期間內要求協助的程度。例如，倘若學生當天的多數時間表示需要最多提示，但中間有幾次是只需要使用中度提示，教師仍應將其標示為學生當日是使用最多的提示。經驗法則顯示：倘若你不確定要記錄哪一個數字的話，請記下較低的數字。這並非暗示你對學生設定偏低的期望，而是寧可先設定在低端，也不要永久斷絕可以協助的機會。倘若教師錯誤的將學生評為獨立的話，該數據會讓教師忽略或免去學生所需要的協助。倘若學生的表現介於兩種分數之間的話，可採取另一種做法而記下 1.5、2.5 或 3.5。

　　倘若有一人以上正在蒐集特定目標的數據時，則可以透過討論學生的各項評分表現的實例，以確保獲得可靠的記錄進展，這是非常重要的。請思考以下目標：「當格蘭特需要課業上的協助時，格蘭特會獨立的舉手、等待教師叫他，並要求教師協助。」首先請注意：對目標使用**獨立**這個字來表示精熟程度的標準時，你也可以加入說明，例如「在不同的科目／課程學習當中」，讓精熟程度的標準更為具體。倘若格蘭特是國中生或高中生，而且有好幾位任課教師的話，在記錄格蘭特完成目標的獨立性程度時，必須將所有教師列在同一頁。圖 6.2 的範例顯示格蘭特舉手要求協助的獨立性程度。圖中針對各項獨立性程度評分進行詳細的說明，能確保數據的蒐集是以有意義的方式進行。如果沒有指出特定表現的實例，教師們

可能無法正確的記錄數據。若能在每次評分時提供這類的實例，教師們就可以根據特定實例而更有把握的記錄評分。

目標	
當格蘭特需要課業上的協助時，格蘭特會獨立的舉手、等待教師叫他，並要求教師協助。	
評分	範例
1：最多提示	當格蘭特表現出受到挫折時，教師會走到格蘭特身旁並實際協助他舉手，教導他說出可以要求協助的字彙。
2：中度提示	當格蘭特表現出受到挫折時，教師會走到格蘭特身旁並亮出提示卡，卡片上顯示學生正在舉手要求協助。當格蘭特舉手時，教師可說：「需要協助時可以找我幫忙。」
3：最少提示	在格蘭特開始工作前，教師提醒他需要協助時就舉手。將提示卡放在桌上可看見的位置當作提醒用。
4：獨立完成	當格蘭特在多種不同的課堂作業中需要協助時，格蘭特不需要任何提示就會舉手、等待教師叫他，並要求教師協助。

▶▶ **圖 6.2：獨立性程度的範例**

　　圖 6.3 是獨立性程度數據蒐集紀錄表範本，此表能讓教師利用獨立性程度評分系統蒐集各類目標的數據。倘若教師正在蒐集學生於上課日全天的表現數據時，教師可在當天結束時圈選各目標之獨立性程度的評分，並且繪製線條來連接前一日的評分而建立圖形化數據來顯示結果。教師只要花十秒鐘就能輕鬆記下學生每日的獨立性程度數據，所需要使用的時間取決於學生所需觀察的目標多寡。

學生姓名				麥克			
目標	日期 10/15	日期 10/16	日期 10/17	日期 10/18	日期 10/19	日期 10/22	日期 10/23
是／否的問題	①	①	②	②	②	③	③
	日期	日期	日期	日期	日期	日期	日期
模仿打招呼	①	②	②	②	②	③	②

▶▶ 圖 6.3：獨立性程度數據紀錄表（1＝最多提示；2＝中度提示；3＝最少提示；4＝獨立完成）

◉ 個別化評分系統

倘若獨立性程度評分系統不適用或沒有意義的話，教師也可以發展**個別化評分系統**（individualized rating system），可採用和評量學生獨立性程度相同的數據蒐集紀錄表，但其中的數字可表示其他涵義。請思考以下目

標：「瑪拉會模仿全部子音與母音字母的聲音，從而發出她想要或所看見的東西的第一個字母的聲音。」請留意**全部**這個字，可用來表示精熟程度的標準。以下的個別化評分系統可用來衡量瑪拉達到該目標的進展：

1. 瑪拉不會模仿任何子音與母音字母的聲音。
2. 瑪拉能模仿很少子音與母音字母的聲音。
3. 瑪拉能模仿很多子音與母音字母的聲音。
4. 瑪拉能模仿大部分子音與母音字母的聲音。
5. 瑪拉能模仿全部子音與母音字母的聲音。

數據蒐集紀錄表應該包含第一項至第五項的內容，取代前一節評分系統之第一項至第四項的內容。儘管繼續採用一般的獨立性程度評分系統通常比較容易，但有部分目標則需要新的內容以便評量進展。例如，利用個別化評分系統可能是監控目標「艾利克斯在各類教學與非教學活動中回應同儕與成人的評論」的最好方式，其個別化評分系統包含以下分數範圍：

0：不回應任何評論
1：只回應成人的評論
2：只有在很少數的活動中會回應成人與同儕的評論
3：在多數活動中會回應成人與同儕的評論
4：在全部活動中會回應成人與同儕的評論

目標「克莉絲汀在學業或非學業活動時會加入同儕的相互交談，而且每次至少會有三次的往復交流。」也可以適用於個別化評分系統，例如：

0：通常沒有往復交流

1：通常有一次的往復交流

2：通常有兩次的往復交流

3：通常有三次的往復交流

● 頻率數據

　　頻率數據蒐集（frequency data collection）最適用於某些目標，此時必須記錄某些狀況發生的次數。請思考以下目標：「布萊恩在每次全組教學上課時至少會舉手回答問題五次。」相較於嘗試估計某種百分比，此時教師能更容易記錄布萊恩在每次全組教學上課時舉手的次數。倘若精熟程度的標準能以數字顯示的話，蒐集頻率數據通常是監控進展是否符合目標的最好方式。圖 6.4 提供一個頻率數據蒐集紀錄表的範本，使用時，教師可在每次學生顯示特定行為的次數旁畫上斜線。例如，當布萊恩首次舉手時，教師可在數字 1 旁畫上斜線。爾後每當布萊恩舉手時，教師可在下一個數字旁畫上斜線。下課後，教師可圈出布萊恩舉手的總數。為了達到監控進展與判定精熟度的目的，各欄位的總次數應連成一線以圖形化顯示數據。在此範例，教師每天會提供一種以上的全組教學課。這並非表示每次都要取得數據。教師可每天挑選一堂課，並且顯示是不同科目的課程，進而可以確認布萊恩學習舉手這個目標是在不同科目的全組教學中都會發生的。事實上，並沒有每天都必須蒐集數據的規定，這取決於目標，可以每兩天、每三天，或甚至一週一次蒐集數據。

學生姓名			目標			
布萊恩			全組教學時，會舉手回答問題至少五次。			
	日期 5/01	日期 5/02	日期 5/03	日期 5/04	日期	日期
舉手的總次數	10	10	10	10	10	10
	9	9	9	9	9	9
	8	8	8	8	8	8
	7	7	7	7	7	7
	6	6	6	6	6	6
	5	5	5	5	5	5
	4	4	╱④	4	4	4
	╱③	3	╱3	╱③	3	3
	╱2	②	╱2	╱2	2	2
	╱1	╱1	╱1	╱1	1	1
	0	0	0	0	0	0

▶▶ 圖 6.4：頻率數據紀錄表

● 是／否數據

有些目標只要求教師記錄**是／否數據**（yes／no data），以了解是否表現出特定的行為。請思考以下目標：「傑米每天早上進教室時，無需提示就會和至少一位同儕打招呼。」為了達成該目標，傑米對同儕打招呼時，

教師只要記錄**是**，而傑米沒有和同儕打招呼或需要提示才打招呼時，教師只要記錄**否**。圖 6.5 提供數據蒐集紀錄表的範例，當需要取得是／否的數據時，就可利用該表。教師只需要圈起 Y（是）或 N（否），並畫出線條來連接前一天的數據與目前的數據，從而以圖形化呈現數據。

學生姓名					傑米				
目標	日期 3/01	日期 3/02	日期 3/03	日期 3/04	日期 3/05	日期 3/08	日期 3/09	日期	日期
每天進教室時至少跟一個同學打招呼	Y Ⓝ	Y Ⓝ	Y Ⓝ	Ⓨ N	Y Ⓝ	Ⓨ N	Ⓨ N	Y N	Y N
在餐廳裡坐在位子上 10 分鐘	Y Ⓝ	Y Ⓝ	Ⓨ N	Ⓨ N	Ⓨ N	Ⓨ N	Ⓨ N	Y N	Y N
	Y N	Y N	Y N	Y N	Y N	Y N	Y N	Y N	Y N
	Y N	Y N	Y N	Y N	Y N	Y N	Y N	Y N	Y N
	Y N	Y N	Y N	Y N	Y N	Y N	Y N	Y N	Y N
	Y N	Y N	Y N	Y N	Y N	Y N	Y N	Y N	Y N

▶▶ **圖 6.5：是／否數據紀錄表**

選擇數據蒐集的程序

　　針對學生所定下的各目標應採用何種類別的數據蒐集程序，並沒有既定規則。然而，當教師決定如何蒐集數據時，可將一些事項列入考慮。首先是如何制定精熟程度的標準。倘若精熟程度的標準是顯示百分比時，應採用百分比數據蒐集。倘若標準是顯示能證明學生有獨立的能力時（或無需提示），則應採用獨立性程度數據。倘若標準是包含對特定行為的期望時，則個別化評分系統可能較適用。倘若標準是顯示在指定時間內行為應呈現特定的次數，則可採用頻率數據。倘若標準是顯示應每天（或每次時間週期）要發生一次行為的話，則可以蒐集是／否數據。

　　當選擇一種容易實行的數據蒐集過程時，還要考慮另一件事情。普通班教師要負責數據蒐集時，所使用的蒐集數據方法必須考慮教師在上課期間所擔負的責任。對普通班教師來說，獨立性程度數據的蒐集可能是蒐集有意義數據最容易且最迅速的方式。獨立性程度數據的蒐集在初期必須要花時間決定各特定目標之每個獨立性程度評分的意義，但之後只需要在上課日結束時圈起各目標符合的數字。當普通班教師已能利用工作樣本來決定正確的百分比或呈交作業的百分比時，百分比數據蒐集方式相較之下較為容易使用。教師常常將百分比數據應用於總結性評量，例如小考與測驗。唯一的差別在於：對 ABA 介入採用百分比數據時，由於要使用數據來決定當前的教學決策，並且要取得一整週而非一週結束時或單元結束時的數據，因此數據本質上要更有結構性。

　　在選擇數據蒐集程序的過程中，最後要考慮的是教師要如何進行自己的技能教學。例如，倘若教師計畫採取提示／褪除程序來教導學生技能時，則採用獨立性程度數據蒐集會非常合乎情理，其原因是教師只要記錄

需要提示的程度。倘若教師計畫採用工作分析來教導學生技能時，可取得學生獨立完成的步驟數目，並除以總步驟數以獲得百分比，來記錄百分比數據。

判定精熟程度

第 4 章討論過撰寫目標時包含精熟程度的標準，蒐集數據能讓教師判定何時達成精熟度，同樣的，學生應多久才會顯示達到特定能力的精熟並沒有既定要求。這一點可能會取決於蒐集數據的頻率。若每天蒐集數據的話，顯示已精熟目標前最好是至少有連續 5 天的數據能達到精熟的程度。由於學生可在週一與週二學習特定能力，因而學生會在週三、週四與週五多次達到精熟，但週末後返回學校時，學生卻不再達到精熟的程度。倘若數據蒐集過程相當容易的話，請持續蒐集並取得 2 週以上的數據以確保學生真正的精熟該能力。因此，倘若無法每天蒐集數據時，以連續 5 天來判定是否達到精熟是不恰當的。而若是每週蒐集三次數據的話，精熟的判定可以是當學生能連續在三次數據點上獨立的執行該能力。倘若每週蒐集數據的話，以學生能連續 4 週執行該能力為標準，就能非常恰當的顯示出精熟程度。因此，設定判別何時顯示精熟度並沒有既定規則，而是取決於該團隊判定何種情況最合適。然而，若學生尚未完全學會所期待的事項，可能仍需明確的指導與進展監控，因此要確認不會過早認定學生已達到精熟。

對缺乏進展的反應

　　請記住，ABA 的其中一項向度就是介入必須是有效的（詳見第 2 章）。換言之，倘若學生沒有進展時，就必須做出改變。同時也要記住，數據蒐集的主要目的就是監控進展。當你這麼做，你可以檢視你的數據並且做出教學上的決定。如果沒有進展，必須要針對問題去處理。許多教師認為如果學生沒有進步，教學介入就應該要有改變，但在這樣的認定之前，教師應該要考量到下列幾個層次的問題：

1. 介入的程序是否正確執行？
2. 數據的蒐集方式是否恰當？
3. 教學程序是否應該要改變或者是調整？
4. 教學目標是否應該要改變或者是調整？

　　ABA 介入執行的程序應該要具技術性，這意味著教導特定技能的時候應該要遵循一定的程序。如果沒有進步，最重要的是要先看看介入的程序是否真的像當初所計畫的那樣。如果答案是沒有的話，普通班教師也許需要特殊教育教師的協助，來學習如何正確的執行教學程序。如果確認教學程序的介入是正確的話，那就再進一步確認數據的蒐集是否恰當。有時候看來像是沒有進步，但事實上卻是因為教師並沒有持續或者是正確的蒐集數據。同時，有時候數據蒐集的方式可能需要一些調整或改變。舉例來說，如果是採百分比數據，但是學生的表現持續都是在 0% 並且看起來都沒有進步，也許可以調整為蒐集學生獨立性程度的數據，這樣一來能夠觀察到學生是否學習成為更加獨立的個體並減少來自教師提供的協助。如果

數據蒐集是正確、持續並有意義的，那接下來就適合去考量教學程序是否需要改變或者是調整。任何能力都沒有一個固定的教學方式，所以如果在教學上有任何的問題，應該都可以再設計一個不同的教學程序。然而，要記得，教學程序有一定的概念性，並且要有效的運用行為的原理原則。如果改變了教學程序後，還是沒有達到進步的程度，接下來就可以考量改變或者是調整目標。也許是因為目標對學生來說並不是具發展適切性的目標，有一些必備能力可能要先進行教學。

本章總結

數據蒐集與分析可以幫助教師提升他們的教學，而不是被視為「多做一件事」。使用本章所討論的數據蒐集和分析方法，教師可以快速建檔及監控學生的進展，以做出有意義的教學決定。蒐集和解釋數據可以幫助教師增強教學的品質，以及確實了解學生是否有掌握特定的技能。

7 全盤整合

現在，是時候把本書中所有討論的內容匯整起來了。本章提供一個發展 ABA 教學計畫的格式，並包含了五個計畫的範本。同時提供建議，用以釐清各個團隊成員在普通班教室實施 ABA 教學介入時的角色。

發展 ABA 教學計畫的格式

為你的學生創建 ABA 教學計畫的工作是相當龐雜的。因此，遵循樣本表單（template）可以使這一過程得以簡化。在進行和解讀第 3 章和第 4 章討論的評估和選擇目標後，你可以使用附錄 F 中提供的範本格式，設計你的 ABA 教學計畫。此格式需填寫的欄位包括學生姓名、目標、數據蒐集程序和教學程序。請注意，數據蒐集程序選項右邊有一個方框，你可以在其中對如何蒐集數據提供一個具體的解釋。例如，如果使用的是獨立性程度評分或個別化評分系統，該部分可以包括對於各個評分等級的具體例子。如果使用的是百分比數據，可以針對如何計算百分比提供具體的說明。在教學程序上附加編號，以輔助教師按著順序實施教學。範本中提供十個步驟的填寫空間，但大部分的教學程序可能只需要少量的步驟即可完成。

ABA 教學計畫範本

要在自己的教室中開始使用 ABA 教學介入，最容易的途徑是先去了解其他人如何應用這些教學介入。圖 7.1 至圖 7.5 所示為 ABA 教學計畫的範本，可作為編撰學生計畫時的參考。這些教學計畫的範本針對學業、行為、社交互動、溝通和獨立作業等各項領域提供一個範例。附錄 A 至附錄 E 所示為這五個領域中更多的範例。

這些計畫是用於普通班教室對 ASD 學生明顯有效的 ABA 教學，以其中常見的目標作為範本。對於特定的學生，這些計畫非常需要加以調整，以符合其個別需求和相關的教室情境，但它們確實提供一個框架和起始點。請注意，在教學程序中將行為策略以楷體字顯示。建議這樣做以便能確保教學程序確實是具概念性的（詳見第 2 章）。每一個教學計畫皆會使用到正增強，對於各種正增強的方式，請參考第 5 章。一般而言，相較於代幣、活動和有形的增強物，建議盡可能使用自然和社會性增強。

這些計畫範本不是達到目標的唯一途徑，還有非常多種方法可以教導學生所有的技能。因此，在發展教學程序時沒有所謂的對與錯。然而，教學程序必須使用行為策略（詳見第 5 章）。在編撰計畫時，這些策略可以作為你的工具箱。不同的人會以不同的方式使用這些策略，重點在於如何彈性的應用。另外，必須以明確的方式編撰教學程序，使任何人都能夠以相同的方式實施它們，這使得程序更符合技術性（詳見第 2 章）。

為每個個別計畫選定的數據蒐集程序可以變更。適用於特定目標的蒐集數據方法不會只有一種，選擇可以提供你想要的資訊，並且可以快速有效的被使用的方法。對於各種可用於監控學生學習進度的數據蒐集方法，請參照第 6 章。

　　當教師使用本格式發展自己的 ABA 教學計畫時，可以將它們以電子化的方式儲存，並不斷的加以修改和調整，使其滿足特定學生的需求。最終，創建一個數據庫，方便教師自己有許多不同的教學計畫以供選擇和替換。如果一組教師共同工作，可以整併教師們的檔案，創建一個非常大的 ABA 教學計畫數據庫，以供在普通班教室規劃 ABA 教學介入時使用。

學生姓名	目標
格雷戈里	在連續 5 個上學日的朗讀活動中，至少準確回應 5 個字面理解問題。

| 數據蒐集程序：
☐ 百分比數據
☐ 獨立性程度數據
☐ 個別化評分系統
☑ 頻率數據
☐ 是／否數據 | **數據蒐集程序說明：**
在每個朗讀活動期間，將沒有提示下正確回應的次數記錄和製作成圖表。 |

教學程序：

在小組、全組或一對一閱讀活動期間，使用**嵌入式單一嘗試教學程序**：

1. 對著學生們朗讀閱讀材料的一小部分。這可能是幾個句子、一本書裡的一頁或一本書裡的幾頁，這取決於格雷戈里是否能記得朗讀內容的能力。

2. 對該組學生問一個字面理解問題。如果格雷戈里舉手，便叫他並繼續進行步驟 3。如果格雷戈里沒有舉手，可以叫他的名字以引起他的注意，然後重複提問該問題。

3. 如果格雷戈里回答不正確，不要說「不對」。而是重新陳述或以不同的說法重新提問該問題，以檢視他是否能夠自我修正。如果他仍然無法正確回答，提供**最少到最多提示**。例如：「這個家庭在野餐時吃了什麼？」你可以提供一個填空題來提示他，像是：「這個家庭吃了_____。」如果格雷戈里無法回應，你可以讓他看圖片來回答問題。如果必要，指向食物的圖片以提示他來回答該問題。如果格雷戈里需要大量的提示才能回應，在他回答正確的答案後，重新陳述該問題，以嘗試讓他在沒有提示下直接回答該問題。

4. 對於所有回答該問題的嘗試，皆提供**正增強**。

5. 在提問問題之前，使用**塑形**程序逐漸增加朗讀材料的量，並且依循步驟 3 和步驟 4 來加強格雷戈里傾聽和理解的能力和時間。

註：基於其他學生也有需要，你無法在每次提問或格雷戈里每次舉手時都叫他，但可以盡可能叫他，直到他能夠獨立的和成功的參與這些閱讀活動。

▶▶ **圖 7.1：ABA 教學計畫範本：學業**

學生姓名	目標
克雷格	獨立完成教師給予全班同學的單一指令。

數據蒐集程序：
☐ 百分比數據
☑ 獨立性程度數據
☐ 個別化評分系統
☐ 頻率數據
☐ 是／否數據

> **數據蒐集程序說明：**
> 1：最多提示：需要肢體協助
> 2：中度提示：需要第 5 步驟（a-f）中的策略
> 3：最少提示：需要教師協助
> 4：獨立完成：不需要協助

教學程序：

使用*提示*／*褪除程序*和*塑形*，以下列方式教克雷格遵循教師給予全班同學的單一指令：

1. 在靠近克雷格並且與他眼神接觸的同時，對著全班同學給予單一指令。若他做出回應，則提供*正增強*。

2. 如果成功，使用*塑形*策略，即靠近克雷格但不直接與他眼神接觸時給予下一個指令。如果他做出回應，則提供*正增強*。

3. 如果成功，在離克雷格較遠且沒有直接眼神接觸時給予下一個指令。如果他做出回應，則提供*正增強*。

4. 繼續增加與克雷格之間的距離，直到他可以完成你從教室中任何位置給予全班同學的單一指令。

5. 如果克雷格在第 1 步驟後不成功，嘗試以下任一做法：
   a. 在給予全班同學指令之前或之後，對克雷格一對一給予指令。
   b. 在讓全班學生執行指令之前，讓克雷格重新陳述該指令。
   c. 提供*手勢提示*，例如指向克雷格應該要做的。
   d. 提供一個*視覺提示*，例如呈現一張他現在應該做什麼的圖片。
   e. 提供*口語提示*，例如 ：「是收拾的時間了。」
   f. 提供*肢體提示*，例如握著克雷格的手和陪克雷格走到門口排隊。

6. 如果使用第 5 步驟中的任何提示／策略，應盡快*褪除*它們，以確保克雷格不會為了完成指令而依賴這些提示／策略。透過使用*塑形*程序，隨著他越來越可以獨立完成指令的最終目標時，適時提供*正增強*。

▶▶ **圖 7.2：ABA 教學計畫範本：行為**

學生姓名	目標
艾敘莉	以正向方式允許其他人加入她正在玩或做的事（維持參與活動而不離開、大喊大叫、哭鬧或具攻擊性），成功率達 80%。

數據蒐集程序：	數據蒐集程序說明：
☑ 百分比數據 □ 獨立性程度數據 □ 個別化評分系統 □ 頻率數據 □ 是／否數據	每次有人試圖加入艾敘莉時，如果她沒有表現出負向行為並且能留下來參與活動，表示「正確」。如果她停止活動、離開、大喊大叫、哭鬧或具攻擊性，表示「不正確」。以正確數除以總數，記錄其百分比數據。

教學程序：

使用**提示／褪除程序**和**塑形**，以下列方式教艾敘莉遵循教師給予全班同學的指示：

1. 如果艾敘莉在其他人加入她一起遊戲或工作活動時，表現出具挑戰性的行為，例如離開、大喊大叫、哭鬧或具攻擊性，首先可將目標設立為讓教師或其他成人加入艾敘莉的活動。

2. 當她從事一個活動時，透過與她坐在一起來接近她。當你接近她時，如果艾敘莉表現出任何負向行為，請忽視該負向行為，直到她停止並回到活動中。在此期間，不要看她、跟她說話或表現任何負向情緒。如果艾敘莉不停止負向行為，依序用**手勢提示、口語提示**或**溫和的肢體指導**，提示她回到該活動中。當她回到該活動中，提供**正增強**。只要確保她在做出負向行為時，你沒有因為遠離她而加強了她具有逃避動機的行為。

3. 一旦艾敘莉能夠容忍你的親近，在活動期間的其餘部分，你可以開始在她旁邊遊戲或工作。在整個活動中，使用溫暖的面部表情並且做出正向的回應，使她不介意你的存在。

4. 一旦艾敘莉能夠在教師／成人加入她的活動時有正向回應，開始以同學作為對象實施這些相同的程序。運用**同儕互助的介入**時，務必先教導同學如何在她旁邊工作或遊戲，以及如何去回應艾敘莉的挑戰性行為。務必對試圖加入艾敘莉的同學提供**正增強**。

▶▶ **圖 7.3：ABA 教學計畫範本：社交互動**

學生姓名	目標
曼紐爾	在教學和非教學的教室活動期間,與教師至少進行三次往復交流的對話。

| 數據蒐集程序:
□ 百分比數據
□ 獨立性程度數據
□ 個別化評分系統
☑ 頻率數據
□ 是/否數據 | 數據蒐集程序說明:
0=沒有往復交流
1=通常一次往復交流
2=通常兩次往復交流
3=總是三次或更多的往復交流 |

教學程序:

1. 以曼紐爾目前正在進行的活動,開啟一個開放式的評論(open-ended comment)。舉例來說,如果他在早上到校時放下書包,你可以在他正脫下他的外套時,說:「我喜歡你的襯衫。」

2. 使用**時間延宕**,鼓勵曼紐爾對你的評論做出回應。接受他所做出的任何反應,並以正向的方式回應。例如,如果你說:「我喜歡你的襯衫。」他會說:「蜘蛛人。」你可以說:「你的襯衫上有一個很酷的蜘蛛人圖案。你還喜歡哪些超級英雄?」

3. 使用**平衡輪流**,逐步增加往復互動的長度。

4. 如果曼紐爾沒有對初始的評論做出回應,你可以重複或改變說法重述該評論,以鼓勵他做出回應。如果他仍然沒有回應,則改問一個比較直接的問題,例如:「你襯衫上的是誰?」作為對話的開頭。要注意的是,在這個活動期間不要只是問問題,學生需要學習回應評論和提問,以便交談。

5. 如果已經提供一些選項,讓曼紐爾有機會回應評論和回答問題,但他仍然沒有做出回應,此時可以使用額外的**提示**(例如填空題:「你的襯衫有一個_____的圖片。」)或給予一個選擇(例如:「你襯衫上的是蜘蛛人還是綠巨人呢?」)盡量減少使用是/否的問題。你可以在曼紐爾開始往復交流時嵌入是/否的問題,但避免在他第一次學習交談時使用它們作為交流的開頭,因為這些是封閉式(closed-ended)的回應,往往不會引導更多的往復交流。

6. 當曼紐爾回應你的評論和問題時,提供**正增強**。

▶▶ **圖 7.4:ABA 教學計畫範本:溝通**

學生姓名	目標
布里坦妮	獨立遵循早晨到校例行性的程序。

數據蒐集程序：
☑ 百分比數據
☐ 獨立性程度數據
☐ 個別化評分系統
☐ 頻率數據
☐ 是／否數據

數據蒐集程序說明：
使用工作分析來記錄布里坦妮有哪些步驟是在沒有協助下完成的。將獨立執行的步驟次數除以總步驟次數來獲得百分比數據。

教學程序：

1. 對到校的例行性活動創建一個**工作分析**。下面是一個例子：
   a. 脫掉外套。
   b. 掛上外套。
   c. 打開書包。
   d. 把家庭作業放進教師辦公桌旁的箱子。
   e. 開始晨間作業。
2. 發展一個**自我監控**工具，其中列出到校的例行性活動的步驟，以供布里坦妮使用。
3. 使用**正向連鎖**（按編號順序，以第一步驟開始教該例行性活動），教導布里坦妮遵循該工作分析。
4. 當布里坦妮需要幫助才能完成工作分析的一個步驟時，使用**提示／褪除程序**。例如，如果她離開任務或漏失該例行性活動的一個步驟，你可以提供一個手勢提示、視覺提示、口語提示或提供一個肢體協助。但是，務必盡快褪除你所使用的提示。

▶▶ 圖 7.5：ABA 教學計畫範例：獨立作業

專業人員、教師助理員及父母的角色

　　在普通班教室進行評估、規劃和實施 ABA 教學介入時，需要普通班教師、特殊教育教師、相關服務提供者、教師助理員和父母之間共同合作的努力。團隊中每個成員扮演的角色將取決於團隊整體，不過，有些指導方針可以用來對應各團隊成員的角色，相關內容建議摘錄於表 7.1。當然，你需要根據他們的經驗和個人的才能，調整團隊成員在該表中的角色。

▶▶ 表 7.1：建議的角色

團隊成員	角色
特殊教育教師	在評估、目標設定、教學和數據蒐集程序的發展、數據分析、訓練和對團隊其他成員的支持上，扮演領導的角色。負責提供父母關於他們孩子 ABA 教學介入的相關進展紀錄。
普通班教師	與特殊教育教師合作蒐集評估資訊、設定目標、發展教學和數據蒐集程序，並分析數據。與特殊教育教師分享 ABA 教學介入的進展和問題。
相關服務提供者（語言治療師、職能治療師、物理治療師）	與特殊教育教師合作蒐集評估資訊、設定目標、發展教學和數據蒐集程序，並分析與他們專業領域有關的數據。負責給予團隊其他成員訓練和支持。
教師助理員	在特殊教育與普通班教師的指導下工作，協助實施教學程序和蒐集數據。
父母	提供關於他們孩子的資訊，溝通其優先考量。在發展教學程序期間，提供他們所知最適合他們的孩子的資訊和做法。

◉ 特殊教育教師

　　大多數情況裡，在為普通班教室中的 ASD 學生規劃 ABA 教學介入時，特殊教育教師將扮演領導的角色。當然，取決於團隊成員們的訓練和經驗，也有可能是由另一位專業人員扮演該角色。作為領導人，特殊教育教師（或其他專業人員）將在整個評估、目標設定、教學程序發展、實施和進展監控階段，促進團隊的活動。這並不意味著特殊教育教師必須執行所有的實務工作。在評估和目標設定的階段，特殊教育教師應促進團隊的討論，以決定將做哪些評估、評估將如何進行、誰將執行這些評估，然後召集團隊針對評估結果進行分析，以選擇對學生合適的目標。在發展教學程序時，特殊教育教師應與普通班教師以協同的方式，設計在普通班教室情境下適合學生的教學程序。這是一個完美的機會，可以訓練普通班教師有關在教學計畫之內可以使用的具體策略。當實施計畫時，特殊教育教師應對普通班教師和可能的教師助理員提供持續的支持，以確保相關策略按照建議進行。雖然普通班教師將是蒐集數據的主要負責人，特殊教育教師應定期與普通班教師見面，以監控進展並做出基於數據的教學決策（詳見第 6 章）。特殊教育教師應定期與父母溝通，以告知他們孩子的進展和處理問題與疑慮。在某些情況，普通班教師可能承擔較多與父母溝通的責任，應由團隊成員視情況而定。

◉ 普通班教師

　　為能夠在教室內實施 ABA 教學介入，普通班教師必須積極參與評估、目標設定和教學程序的發展階段。如果只是有人告訴他們應該做什麼和應該如何教，很少有教師會「買單」。在發展 ABA 教學計畫時，應事先考慮普通班教師的教學風格和教室的環境。在所有的評估和規劃階段，

若沒有普通班教師的積極參與，是不可能充分達成的。在實施教學期間，普通班教師應根據需要，以尋求來自特殊教育教師的支援。大多數普通班教師沒有太多 ASD 或 ABA 所需的訓練，因此，普通班教師不應預期教學介入可能很容易實施，而認為不需要持續的支援。如果有一位教師助理員可以協助實施 ABA 教學，普通班教師應對該教師助理員提供持續的訓練和支援，以確保教學和數據蒐集程序被正確的執行。特殊教育教師也可以協助訓練教師助理員；不過，普通班教師會是對教師助理員提供最多支援的人，因為他們經常一起工作。普通班教師將負責大部分的數據蒐集工作，這就是為什麼數據蒐集程序應選擇容易執行者（詳見第 6 章）。普通班教師應定期與特殊教育教師一起協同檢視數據，以監控教學進展的情況並做出教學決策。普通班教師可能會是與家庭溝通的主要人員，這取決於特殊教育教師是否負責與家庭溝通。其中對家庭來說重要的是，他們應該要被告知他們孩子的進展情形，但並不需要兩個不同的人提供相同的資訊。

若在有普通班教師和特殊教育教師整天或部分時間一起進行工作的教室中，特殊教育教師的角色將包含實施 ABA 教學、蒐集數據、訓練和支援也在教室一同工作的任何教室助理員。這並不意味著普通班教師將不需負責執行教學、蒐集數據和支持教師助理員，而是兩位教師將一同分擔責任。雖然這是最理想的情況，但預算編列問題往往不允許共同教學實現。

● 相關專業團隊人員

語言治療師、職能治療師、物理治療師和指導顧問可能參與規劃和實施 ABA 教學。在評估、目標設定和教學程序發展的階段，應讓這些專業人員有機會參與。最好的情況是，這些相關的服務提供者在普通班教室中

支援普通班教師和 ASD 學生，而不是把這些學生抽離出教室進行輔導。這將使他們得以為普通班教師示範策略，並協助在普通班教室的自然情境下實施教學。

◉ 教師助理員

在普通班教室中誤用教師助理員的案例紀錄非常多（Downing, Ryndak, & Clark, 2000; Giangreco & Broer, 2007）。在普通班教室中，教師助理員經常太順從 ASD 學生的指令。正如在第 1 章的討論，這導致許多負面的影響。因此，重要的是，當教師助理員參與實施 ABA 教學時，應以適當的方式運用他們。首先，教師助理員不應全權負責實施 ABA 教學。這一責任應落在普通班教師的身上。然而，在普通班教師的支持下，教師助理員也可以針對其中的一些目標提供教學，以補足普通班教師提供的教學，以及增加學生的學習機會。教師助理員必須在普通班教師的指導下進行工作，依指示實施教學和數據蒐集的程序，並務必在需要時尋求幫助和支援。

◉ 父母

在普通班教室規劃和實施 ABA 教學的所有階段，父母也應全程參與。在評估過程中，他們可以提供有價值的資訊，且在選擇目標時也應該以解決他們的需求為優先考量，並針對過去對他們孩子有效或無效的教學策略給予建議。父母應有機會提問、檢視數據，並學習如何在家裡實施教學（如果適用的話）。如果可以使用影片進行記錄，普通班教師可以在實施 ABA 教學時拍攝短片，以在會議上與父母分享和供訓練目的使用。

本章總結

　　在開始任何評估、目標設定或發展 ABA 教學計畫之前,可以規劃一場團隊會議,以確定每位團隊成員在整個過程中所扮演的角色。本章所介紹的建議可以作為一個參考指南,但每個團隊將自行調整他們認為合適的成員角色。同樣的,可以調整在本章中提供的 ABA 教學計畫的格式,以滿足學生的需求和團隊成員的偏好。不過,無論你選擇使用任何格式,重要的是必須包括以下要點:

- 可觀察、可評量、具功能性和發展適切的目標
- 數據蒐集程序
- 技術性和概念性的教學程序

　　在為普通班教室規劃教學介入時,將上述的組成要素含括在內,能夠讓團隊針對 ABA 的向度(Baer, Wolf, & Risley, 1968)進行處理。

　　現在,你的團隊已經準備好把所有這一切全盤整合,針對在普通班教室的 ASD 學生之所需,規劃實施 ABA 教學。這對於每個人來說,是否意味著額外的工作?確實是,但是當你看到你的學生精熟他們的目標並學習到如何充分參與在教室時,你必定會覺得這一切是值得努力的。在普通班教室實施 ABA 教學,可以對 ASD 學生提供需要觸及其全部潛能的明示教學,並充分運用這些教室中所有的一切美妙、自然的學習機會。憑藉著普通班教師、特殊教育教師、相關服務提供者、教師助理員和父母之間

的通力合作，我們可以成功的將 ASD 學生融入普通班教室，並且針對他

們個人的學習需求，規劃和實施 ABA 教學。

參考文獻

American Psychiatric Association. (2000). *Diagnostic and statistical manual of mental disorders* (4th ed., text rev.). Washington, DC: Author.

Baer, D.M., Wolf, M.M., & Risley, T.F. (1968). Some current dimensions of applied behavior analysis. *Journal of Applied Behavior Analysis, 1,* 91–97.

Baer, D.M., Wolf, M.M., & Risley, T.F. (1987). Some still-current dimensions of applied behavior analysis. *Journal of Applied Behavior Analysis, 20,* 313–327.

Bailey, J.S., & Burch, M.R. (2002). *Research methods in applied behavior analysis.* Thousand Oaks, CA: Sage Publications.

Baldwin, D.A. (1995). Understanding the link between joint attention and language. In C. Moore & P.J. Dunham (Eds.), *Joint attention: Its origins and role in development* (pp. 131–158). Hillsdale, NJ: Erlbaum.

Bellini, S. (2006). *Building social relationships: A systematic approach to teaching social interaction skills to children and adolescents with autism spectrum disorders and other social difficulties.* Shawnee Mission, KS: Autism Asperger Publishing.

Bellini, S., Akullian, J., & Hopf, A. (2007). Increasing social engagement in young children with autism spectrum disorders using video self-modeling. *School Psychology Review, 36*(1), 80–90.

Bianco, M., Carothers, D.E., & Smiley, L.R. (2009). Gifted students with Asperger syndrome: Strategies for strengths-based programming. *Intervention in School and Clinic, 44*(4), 206–215.

Bradshaw, C.P., Reinke, W.M., Brown, L.D., Bevans, K.B., & Leaf, P.J. (2008). Implementation of school-wide Positive Behavioral Interventions and Supports

(PBIS) in elementary schools: Observations from a randomized trial [Report]. *Education & Treatment of Children, 31*(1), 1–26.

Breen, C., Haring, T.G., Pitts-Conway, V., & Gaylord-Ross, R. (1985). The training and generalization of social interaction during break time at two job sites in the natural environment. *Journal of The Association for Persons with Severe Handicaps, 10,* 41–50.

Broer, S.M., Doyle, M.B., & Giangreco, M.F. (2005). Perspectives of students with intellectual disabilities about their experiences with paraprofessional support. *Exceptional Children, 71*(4), 415–430.

Buffington, D.M., Krantz, P.J., McClannahan, L.E., & Poulson, C.L. (1998). Procedures for teaching appropriate gestural communication skills to children with autism. *Journal of Autism and Developmental Disorders, 28*(6), 535–545.

Buron, K.D., & Curtis, M. (2003). *The incredible 5-point scale: Assisting students with autism spectrum disorders in understanding social interactions and controlling their emotional responses.* Shawnee Mission, KS: Autism Asperger Publishing.

Cautilli, J., & Dziewolska, H. (2005). Brief report: Can contingent imitation reinforce truck lifting in a three-month-old infant? *The Behavior Analyst Today, 6*(4), 229–230.

Chan, J.M., & O'Reilly, M.F. (2008). A Social Stories intervention package for students with autism in inclusive classroom settings. *Journal of Applied Behavior Analysis, 41*(3), 405–409.

Chandler-Olcott, K., & Kluth, P. (2009). Why everyone benefits from including students with autism in literacy classrooms. *The Reading Teacher, 62*(7), 548–557.

Constantino, J.N., Davis, S.A., Todd, R.D., Schindler, M.K., Gross, M.M., Brophy, S.L., et al. (2003). Validation of a brief quantitative measure of autistic traits: Comparison of the Social Responsiveness Scale with the Autism Diagnostic Interview–Revised. *Journal of Autism and Developmental Disorders, 33*(4), 427–433.

Cooper, J.O., Heron, T.E., & Heward, W.L. (1987). *Applied behavior analysis.* Englewood Cliffs, NJ: Prentice Hall.

Coyle, C., & Cole, P. (2004). A videotaped self-modeling and self-monitoring treatment program to treat off-task behavior in children with autism. *Journal of Intellectual and Developmental Disability, 29*(1), 3–15.

Daniels, V.I. (1999). The assessment maze: Making instructional decisions about alternative assessments for students with disabilities. *Preventing School Failure, 43*(4), 171–178.

Davis, C.A., Brady, M.P., Hamilton, R., McEvoy, M.A., & Williams, R.E. (1994). Effects of high-probability requests on the social interactions of young children with severe disabilities. *Journal of Applied Behavior Analysis, 27,* 619–637.

Diehl, S.F., Ford, C.S., & Federico, J. (2005). The communication journey of a fully included child with an autism spectrum disorder. *Topics in Language Disorders, 25*(4), 375–387.

Dipipi, C.M., Jitendra, A.K., & Miller, J.A. (2001). Reducing repetitive speech: Effects of strategy instruction. *Preventing School Failure, 45*(4), 177–181.

DiSalvo, C.A., & Oswald, D.P. (2002). Peer-mediated interventions to increase the social interaction of children with autism: Consideration of peer expectancies. *Focus on Autism and Other Developmental Disabilities, 17*(4), 198–207.

Downing, J.E., Ryndak, D.L., & Clark, D. (2000). Paraeducators in inclusive classrooms. *Remedial and Special Education, 21,* 171–181.

Dowrick, P. (1999). A review of self-modeling and related interventions. *Applied and Preventive Psychology, 8,* 23–39.

Ganz, J. (2008). Self-monitoring across age and ability levels: Teaching students to implement their own positive behavioral interventions. *Preventing School Failure, 53*(1), 39–48.

Gazdag, G., & Warren, S.F. (2000). Effects of adult contingent imitation on development of young children's vocal imitation. *Journal of Early Intervention, 23,* 24–35.

Giangreco, M.F., & Broer, S.M. (2007). School-based screening to determine overreliance on paraprofessionals. *Focus on Autism and Other Developmental Disabilities, 22*(3), 149–158.

Gray, C.A., & Garand, J.D. (1993). Social Stories: Improving responses of students with autism with accurate social information. *Focus on Autistic Behavior, 8,* 1–10.

Gresham, F.M., & MacMillan, D.L. (1998). Early intervention projects: Can its claims be substantiated and its effects replicated? *Journal of Autism and Developmental Disorders, 28,* 5–13.

Halle, J.W., Marshall, A.M., & Spradlin, J.E. (1979). Time delay: A technique to increase language use and facilitate generalization in retarded children. *Journal of Applied Behavior Analysis, 14,* 389–409.

Hanley, G., Piazza, C.C., Fisher, W.W., & Maglieri, K.A. (2005). On the effectiveness of and preference for punishment and extinction components of function-based interventions. *Journal of Applied Behavior Analysis, 38,* 51–65.

Hargrove, L.J., Church, K.L., Yssel, N., & Koch, K. (2002). Curriculum-based assessment: Reading and state academic standards. *Preventing School Failure, 46*(4), 148–151.

Haring, T.G., & Ryndak, D. (1994). Strategies and instructional procedures to promote social interactions and relationships. In E.C. Cipani & F. Spooner (Eds.), *Curricular and instructional approaches for persons with severe disabilities* (pp. 289–321). Boston: Allyn & Bacon.

Hart, B.M., & Risley, T.R. (1975). Incidental teaching of language in preschool. *Journal of Applied Behavior Analysis, 8,* 411–420.

Hemmings, A. (2000). The hidden curriculum corridor. *High School Journal, 83*(2), 1–10.

Horner, R.H. (1994). Functional assessment: Contributions and future directions. *Journal of Applied Behavior Analysis, 27,* 401–404.

Individuals with Disabilities Education Improvement Act (IDEA) of 2004, PL 108-446, 20 U.S.C. § § 1400 *et seq.*

Jones, E.A., & Carr, E.G. (2004). Joint attention in children with autism: Theory and intervention. *Focus on Autism & Other Developmental Disabilities, 19,* 13–26.

Jung, S., Sainato, D.M., & Davis, C.A. (2008). Using high-probability request sequences to increase social interactions in young children with autism. *Journal of Early Intervention, 30*(3), 163–187.

Kates-McElrath, K., & Axelrod, S. (2006). Behavioral intervention for autism: A distinction between two behavior analytic approaches. *The Behavior Analyst Today, 7*(2), 242–252.

King-Sears, M.E. (2008). Facts and fallacies: Differentiation and the general education curriculum for students with special educational needs. *Support for Learning, 23*(2), 55–62.

Kluth, P., & Schwarz, P. (2008). *"Just give him the whale!" 20 ways to use fascinations, areas of expertise, and strengths to support students with autism.* Baltimore: Paul H. Brookes Publishing Co.

Koegel, L.K., & Koegel, R.L. (1995). Motivating communication in children with autism. In E. Schopler & G.B. Mesibov (Eds.), *Learning and cognition in autism* (pp. 73–87). New York: Kluwer Academic/Plenum.

Koegel, L.K., Koegel, R.L., Harrower, J.K., & Carter, C.M. (1999). Pivotal Response Intervention, I: Overview of approach. *Journal of Applied Behavior Analysis, 25,* 341–354.

Koegel, L.K., Koegel, R.L., Hurley, C., & Frea, W.D. (1992). Improving social skills and disruptive behavior in children with autism through self-management. *Journal of Applied Behavior Analysis, 25,* 341–353.

Koegel, R.L., & Koegel, L.K. (2006). *Pivotal Response Treatments for autism: Communication, social & academic achievement.* Baltimore: Paul H. Brookes Publishing Co.

Landa, R. (2007). Early communication development and intervention for children with autism. *Mental Retardation and Developmental Disabilities Research Reviews, 13,* 16–25.

Lawrence-Brown, D. (2004). Differentiated instruction: Inclusive strategies for standards-based learning that benefit the whole class. *American Secondary Education, 32,* 34–62.

Layer, S.A., Hanley, G.P., Heal, N.A., & Tiger, J.H. (2008). Determining individual preschoolers' preferences in a group arrangement. *Journal of Applied Behavior Analysis, 41,* 25–37.

Lovaas, O.I. (1977). *The autistic child: Language development through behavior modification.* New York: Irvington Press.

Lovaas, O.I. (1987). Behavioral treatment and normal educational and intellectual functioning in young autistic children. *Journal of Counseling and Clinical Psychology, 55,* 3–9.

Lovaas, O.I. (2003). *Teaching individuals with developmental delays: Basic intervention techniques.* Austin, TX: PRO-ED.

Lovaas, O.I., Ackerman, A., Alexander, D., Firestone, P., Perkins, J., & Young, D. (1981). *Teaching developmentally disabled children: The ME book.* Austin, TX: PRO-ED.

MacDonald, J.D., & Carroll, J.Y. (1992). A social partnership model for assessing early communication development: An intervention model for preconversational children. *Language, Speech, and Hearing Services in Schools, 23,* 113–124.

MacDonald, R., Anderson, J., Dube, W.V., Geckeler, A., Green, G., Holcomb, W., et al. (2006). Behavioral assessment of joint attention: A methodological report. *Research in Developmental Disabilities, 27,* 138–150.

Maurice, C., Green, G., & Luce, S. (Eds.). (1996). *Behavioral intervention for young children with autism: A manual for parents and professionals.* Austin, TX: PRO-ED.

McGee, G.G., Almeida, M.C., Sulzer-Azaroff, B., & Feldman, R.S., (1992). Promoting reciprocal interactions via peer incidental teaching. *Journal of Applied Behavior Analysis, 25*(1), 117–126.

McGee, G.G., Krantz, P.J., & McClannahan, L.E. (1985). The facilitative effects of incidental teaching on preposition use by autistic children. *Journal of Applied Behavior*

Analysis, 18, 17–31.

McGee, G.G., Morrier, J.J., & Daly, T. (1999). An incidental teaching approach to early intervention for toddlers with autism. *Journal of The Association for Persons with Severe Handicaps, 24,* 133–146.

McGraw-Hill. (1992). *Distar arithmetic 1992.* New York: Author.

McGraw-Hill. (1999). *Language for learning 1999.* New York: Author.

McGraw-Hill. (2008). *Reading mastery signature edition 2008.* New York: Author.

Morrison, L., Kamps, D., Garcia, J., & Parker, D. (2001). Peer mediation and monitoring strategies to improve initiations and social skills for students with autism. *Journal of Positive Behavior Interventions, 3*(4), 237–250.

Mundy, P. (1995). Joint attention and social-emotional approach behavior in children with autism. *Development and Psychopathology, 7,* 63–82.

Mundy, P., Sigman, M., & Kasari, C. (1990). A longitudinal study of joint attention and language development in autistic children. *Journal of Autism and Developmental Disorders, 20,* 115–128.

Murawski, W.W., & Hughes, C.E. (2009). Response to intervention, collaboration, and co-teaching: A logical combination for successful systemic change. *Preventing School Failure, 53*(4), 267–277.

Myles, B.S., Simpson, R.L. (2001). Understanding the hidden curriculum: An essential social skill for children and youth with Asperger syndrome. *Intervention in School and Clinic, 36*(5), 279–286.

Myles, B.S., Trautman, M.L., & Schelvan, R.L. (2004). *The hidden curriculum: Practical solutions for understanding unstated rules in social situations.* Shawnee Mission, KS: Autism Asperger Publishing.

National Research Council. (2001). *Educating children with autism.* Washington, DC: National Academies Press.

No Child Left Behind Act of 2001, PL 107-110, 115 Stat. 1425, 20 U.S.C. § § 6301 *et seq.*

Noonan, M.J., & McCormick, L. (2006). *Young children with disabilities in natural environments.* Baltimore: Paul H. Brookes Publishing Co.

Odom, S.L., Deklyen, M., & Jenkins, J.R. (1984). Integrating handicapped and non-handicapped preschoolers: Developmental impact on non-handicapped children. *Exceptional Children, 51*(1), 41–48.

O'Neill, R.E., Horner, R.H., Albin, R.W., Sprague, J.R., Storey, D., & Newton, J.S. (1997). *Functional assessment and program development for problem behavior: A practical handbook* (2nd ed.). Pacific Grove, CA: Brooks/Cole.

Partington, J.W., & Sundberg, M.L. (1998). *The assessment of basic language and learning skills: An assessment, curriculum guide, and skills tracking system for children with autism and other developmental disabilities.* Pleasant Hill, CA: Behavior Analysts.

Pierce, K.L., & Schreibman, L. (1994). Teaching daily living skills to children with autism in unsupervised settings through pictorial self-management. *Journal of Applied Behavior Analysis, 27*(3), 471–481.

Pierce, K.L., & Schreibman, L. (1995). Increasing complex social behaviors in children with autism: Effects of peer-implemented pivotal response training. *Journal of Applied Behavior Analysis, 28*(3), 285–295.

Pierce, K.L., & Schreibman, L. (1997). Multiple peer use of pivotal response training to increase social behaviors of classmates with autism: Results from trained and untrained peers. *Journal of Applied Behavior Analysis, 30*(1), 157–160.

Quill, K.A. (2000). *Do-watch-listen-say: Social and communication intervention for children with autism.* Baltimore: Paul H. Brookes Publishing Co.

Robertson, J., Green, K., Alper, S., Schloss, P.J., & Kohler, F. (2003). Using a peer-mediated intervention to facilitate children's participation in inclusive childcare activities. *Education & Treatment of Children, 26*(2), 182–197.

Sansosti, F.J., & Powell-Smith, K.A. (2008). Using computer-presented social stories and video models to increase the social communication skills of children with high-functioning autism spectrum disorders. *Journal of Positive Behavior Interventions, 10*(3), 162–178.

Scott, T.M., & Caron, D.B. (2005). Conceptualizing functional behavior assessment as prevention practice within positive behavior support systems. *Preventing School Failure, 50*(1), 13–21.

Skinner, B.F. (1957). *Verbal behavior.* Engelwood Cliffs, NJ: Prentice Hall.

Skokut, M., Robinson, S., Openden, D., & Jimerson, S.R. (2008). Promoting the social and cognitive competence of children with autism: Interventions at school. *The California School Psychologist, 13,* 93–108.

Spradlin, J.E., & Seigel, G.M. (1982). Language training in natural and clinical environments. *Journal of Speech and Hearing Disorders, 47,* 2–6.

Staub, D., & Peck, C. (1994). What are the outcomes for nondisabled students? *Educational Leadership, 52*(4), 36–40.

Stokes, T.F., & Baer, D.M. (1977). An implicit technology of generalization. *Journal of Applied Behavior Analysis, 10,* 349–367.

Stribling, P., Rae, J., & Dickerson, P. (2007). Two forms of spoken repetition in a girl with autism. *International Journal of Language and Communication Disorders, 42*(4), 427–444.

Sugai, G., Horner, R., Dunlap, G., Hieneman, M., Lewis, T., Nelson, M., Scott, T., et al. (1999). Applying positive behavioral support and functional behavior assessment in schools. Technical Assistance Guide 1, Version 1.4.3. Washington, DC: Center on Positive Behavioral Interventions and Support.

Sundberg, M.L., & Michael, J. (2001). The benefits of Skinner's analysis of verbal behavior on children with autism. *Behavior Modification, 25,* 698–724.

Swaggart, B., Gangon, E., Bock, S.J., Earles, T.L., Quinn, C., Myles, B.S., et al. (1995). Using social stories to teach social and behavioral skills to children with autism.

Focus on Autistic Behavior, 10, 1–16.

Thiemann, K.S., Goldstein, H. (2001). Social stories, written text cues, and video feedback: Effects on social communication of children with autism. *Journal of Applied Behavior Analysis, 34,* 425–446.

Tomlinson, C. (1999). *The differentiated classroom: Responding to the needs of all learners.* Alexandria, VA: Association for Supervision and Curriculum Development.

Weiss, M.J. (2005). Comprehensive ABA programs: Integrating and evaluating the implementation of varied instructional approaches. *The Behavior Analyst Today, 6*(4), 249–256.

Wolery, M., Ault, M.J., & Doyle, P.M. (1992). *Teaching students with moderate to severe disabilities.* White Plains, NY: Longman.

Zanolli, K.M., Paden, P., & Cox, K. (1997). Teaching prosocial behavior to typically developing toddlers. *Journal of Behavioral Education, 7*(3), 373–391.

資源

應用行為分析

Alberto, P.A., & Troutman, A.C. (2008). *Applied behavior analysis for teachers* (8th ed.). Upper Saddle River, NJ: Pearson/Merrill Prentice Hall.

Barbera, M.L. (2007). *The Verbal Behavior approach: How to teach children with autism and related disorders.* Philadelphia: Jessica Kingsley.

Cooper, J.O., Heron, T.E., & Heward, W.L. (2007). *Applied behavior analysis* (2nd ed.). Upper Saddle River, NJ: Pearson/Merrill Prentice Hall.

Duker, P., Didden, R., & Sigafoos, J. (2004). *One-to-one training: Instructional procedures for learners with developmental disabilities.* Austin, TX: PRO-ED.

Harris, S.L., & Weiss, M.J. (2007). *Right from the start: Behavioral intervention for young children with autism.* Bethesda, MD: Woodbine House.

Kearney, A.J. (2007). *Understanding applied behavior analysis: An introduction to ABA for parents, teachers, and other professionals.* Philadelphia: Jessica Kingsley.

Koegel, R.L., & Koegel, L.K. (2006). *Pivotal Response Treatments for autism: Communication, social & academic achievement.* Baltimore: Paul H. Brookes Publishing Co.

Lovaas, O.I. (2002). *Teaching individuals with developmental delays: Basic intervention techniques.* Austin, TX: PRO-ED.

Maurice, K. (1996). *Behavioral intervention for young children with autism: A manual for parents and professionals.* Austin, TX: PRO-ED.

融合自閉症光譜障礙的學生

Fein, D., & Dunn, M.A. (2007). *Autism in your classroom: A general educator's guide to students with autism spectrum disorders.* Bethesda, MD: Woodbine House.

Kluth, P. (2003). *You're going to love this kid! Teaching students with autism in the inclusive classroom.* Baltimore: Paul H. Brookes Publishing Co.

Wagner, S. (1998). *Inclusive programming for elementary students with autism.* Arlington, TX: Future Horizons.

Wagner, S. (2002). *Inclusive programming for middle school students with autism/Asperger's syndrome.* Arlington, TX: Future Horizons.

網站

Autism Internet Modules: http://www.autisminternetmodules.org/—Provides free training modules to promote a greater understanding of ASD and to promote achievement, full participation, respect, and equality of individuals with ASD

Autism Pro: http://www.autismpro.com—Works with school districts, early intervention providers, and governments to supplement quality programs

Autism Society: http://www.autism-society.org—Autism information and resources for parents and professionals

Autism Speaks: http://www.autismspeaks.org—Autism information and resources for parents and professionals

Autism Teaching Tools: http://www.autismteachingtools.com/—Provides ways to help learners with ASD

Cambridge Center for Behavioral Studies: Autism and ABA: http://www.behavior.org/autism/—Provides scientifically validated information about the causes of autism and explanation of ABA approaches

Paula Kluth: http://www.paulakluth.com—Promotes inclusive schooling and exploring positive ways of supporting students with autism and other disabilities

Polyxo.com: http://www.polyxo.com/—Provides a variety of instructional techniques and philosophies for teaching students with autism and other related developmental disorders

學習指南

第 1 章：自閉症光譜障礙學生在普通班教室的學習情境中

1. 請考慮至少三位 ASD 學生。討論這三個學生各自的特質，包含學生的優勢與社交障礙、溝通的障礙、受限的興趣以及重複性的行為。這三個學生有什麼類似的地方？有什麼不同的地方？

2. 討論 ASD 學生被安置在普通班教室中接受教育的優點。你覺得當 ASD 學生與一般發展學生一起就學的時候，會帶來什麼好處？對於普通班教室教師、特殊教育教師以及 ASD 學生的家人有什麼好處？

3. 請討論或者是思考當 ASD 學生在普通班教室就讀的時候可能會產生的困難。請討論每一個困難可以怎麼解決。

4. ASD 學生如果要能夠成功融入普通班教室中，教師需要實行正向行為支持以及差異化教學，並且在學校生活中提供活動參與的機會。想一想你學校內的班級是否真的有提供上述的策略給 ASD 學生？你們學校的教師會需要多少的支持以讓上述的策略能夠施行？制定一個可以讓這些策略在所有教室都能夠施行的計畫。

5. 考量在你們學校內協助 ASD 學生的教師助理員如何在普通班教室進行協助。你覺得他們目前的責任以及職責適當嗎？你認為在提供以及接受支持的部分有什麼是需要改變的？

6. 討論在普通班教室中使用 ABA 教學程序以滿足 ASD 學生需求的理由。你認為在學校的一天當中，ASD 學生會是唯一受益於一些明示教學的學生嗎？

第 2 章：了解 ABA

1. 討論 ABA 是如何發展的。它的歷史根源是什麼？

2. 用你自己話來討論 ABA 的意義。考慮 ABA 的意義，它如何對於在普通班教室中上課的 ASD 學生有效用？

3. 假設你現在在普通班教室的情境中為一位 ASD 學生進行介入。ABA 的七個向度中有哪些是你已經採用的？有什麼改變或額外需要考量或採用的來讓介入更符合 ABA 的精神？

4. 如果你要進行一個介入，來教 ASD 學生在獨立工作活動中如何要求協助，你會如何涵蓋以及解釋所有 ABA 的向度？

5. 請提供一個範例說明在普通班教室的情境中，如何使用單一嘗試教學法（DTT）教導學生在同學跟他打招呼時回應的方法。

6. 核心反應訓練（PRT）和隨機教學（IT）與單一嘗試教學法有什麼不同？你會如何在普通班教室的情境中運用核心反應訓練，或者是隨機教學教導學生如何對他想要的物品進行要求？

7. 本書作者並不是推薦教師只要選擇單一種的 ABA 策略，例如單一嘗試教學法、核心反應訓練、隨機教學或是應用語言行為（AVB）在普通班教室的情境中進行介入。相反的，這些方法中所使用的策略，可以跟其他不同的介入策略一起使用，進而發展出高品質的 ABA 介入。你認為作者這樣建議的目的為何？

第 3 章：規劃 ABA 介入之評估

1. 為什麼在撰寫 ABA 目標前，完成行為的評估是重要的？

2. ABA 介入如何和學生的 IEP 目標保持一致？

3. 考慮一位目前你正在介入的 ASD 學生。有沒有哪些目標目前在學生的 IEP 中是還沒有達成的？如果有，在這些目標中有哪些是你認為可以透過 ABA 介入而達成的？

4. 請討論針對 ASD 學生的優勢能力以及他的興趣進行評估的重要性。作為你的評估和教學計畫的一部分，有多少是目前已經完成的？

5. 想像你要針對一位無口語的學生進行優勢能力以及興趣評估。請考量運用各種不同的方式直接從學生取得相關的訊息，而不是只倚靠跟成人訪談的方式。

6. 許多的教師（和家長）在面對學生的現況能力描述時，都很難保持正向。考慮一位目前你正在進行介入的 ASD 學生，非正式的討論這個學生在溝通、社交互動、行為、學業以及獨立作業等領域中所有的事情。

7. 當針對 ASD 學生進行功能性評估的時候，有沒有什麼需要特別注意的部分？

8. 為什麼評估父母對於目標的優先考量的看法很重要？為什麼評估普通班教師對於目標的優先考量的看法也很重要？

練習時間：在普通班教室中選擇一位你認為如果使用 ABA 介入會得到正向結果的 ASD 學生。決定在哪一個領域需要介入（學業、行為、社交、溝通以及／或獨立作業）。針對你想要協助學生的領域，進行現況能力評估並分析其結果。確認家長及普通班教師對所需要介入之領域認為需要介入的優先考量。

第 4 章：目標設定

1. 在普通班教室的情境當中為 ASD 學生設定 ABA 介入目標時，你可以如何和你的團隊合作？要如何確認所有的團隊成員均有機會參與（家長、普通班教師、特殊教育教師以及相關專業團隊成員）？

2. IEP 目標以及 ABA 介入目標應該要有相同的標準（具功能性的、發展適切的、可觀察的、可評量的以及正向陳述）。可以針對 ASD 學生的 IEP 目標進行討論，確定有哪些目標達到標準的要求、哪些沒有。

3. 從學生的 IEP 中，挑選一個你會想要進行 ABA 介入的年度目標，且學生在這個目標尚未達到適當的進步。依照學生目前現況能力的程度，這個目標是否需要分解成一系列單項能力或者是短期目標，進而達到更好的介入成效？如果需要的話，將所需要的技能或者是能力列表，透過 ABA 介入一個一個的達成，以達到年度目標。

4. 有哪些能力是適合透過 ABA 的介入在普通班教室的情境當中教導給 ASD 學生，但目前沒有在學生的 IEP 當中？

5. 日常生活中有許多「隱性課程」技能，ASD 學生是需要經由明示教學加以學習的。請針對三個你認識的 ASD 學生，提供一個隱性課程技能的列表，這些技能可能需要針對每位學生進行 ABA 介入。

練習時間：你已經完成了一位 ASD 學生的現況能力評估，同時也與家長和普通班教師確認介入優先考量，現在，與他們共同合作選擇 ABA 介入的目標。請確認目標的撰寫要按照第 4 章中所討論的目標撰寫的標準。

第 5 章：發展 ABA 教學程序

1. 考量一位在你教室中的 ASD 學生，有哪些能力是學生目前已具備，但尚無法流利、一致的表現，或是沒有辦法類化到一般的情境中？想一想學生可以如何從專注技能表現的 ABA 教學程序中受益？有什麼是學生沒有的技能，需要以明示教學程序來達成技能獲取？

2. 在教室中，你最常使用的正增強有哪些？請針對有形增強、活動增強、代幣增強、社會性增強以及自然增強，舉出一些你使用過的範例。

3. 許多教師常需要對 ASD 學生使用時間延宕，以防止他們在學習的過程中依賴提示。你可否回想起曾經有過這樣的經驗：透過多一點等待的時間，學生在不需更多的提示下便能回應？

4. 在學校，教師確實有些時候需要提供直接的指示。但是有些時候，教師可以跟隨著 ASD 學生的引導，在目前學生正在參與的活動中，提供明示教學。請想一想，你是否有過在普通班教室跟隨 ASD 學生的引導來促進教學以及學習的經驗？

5. 你能夠如何使用行為動能來提升 ASD 學生在班級課程活動中與人對話的能力？

6. 你如何使用嵌入式單一嘗試教學來教導學生如何尋求幫助？

7. 你如何使用同儕互助的介入，教導學生在下課休息時間與同學一起玩？

練習時間：你已經為你選定的學生設定了目標，現在要針對你所設定的每一個目標發展出 ABA 教學程序。要確保教學程序是技術性的（要以介入

程序能夠被許多人以相同方法實施的方式撰寫），以及概念性的（使用行為相關策略，如我們在第 5 章中所介紹的）。

第 6 章：數據蒐集與分析

1. 請討論在普通班教室中實施 ABA 介入時，為什麼蒐集數據是重要的。

2. 仔細看一下學生的 IEP，目前什麼樣的數據蒐集程序適用於監控學生的進展？如何使用一些我們在第 6 章討論過的方式，讓數據蒐集頻率提高且過程更為容易？

3. 請想看看有哪些目標，你會用百分比數據來監控學生的進展？那麼獨立性程度數據、個別化評分系統、頻率數據及是／否數據又是如何呢？

4. 當在普通班教室使用 ABA 介入時，數據蒐集的頻率要多高？

5. 請討論如果學生在數據中顯示某一個科目或領域沒有達到充分的進展，我們應該要怎麼做？

練習時間：你已經將目標選擇好，也發展了教學介入程序。現在來到決定針對各個不同的目標該如何蒐集數據。試著使用不同的蒐集數據的程序來進行，藉此，你可以有充分的練習機會。你可以使用第 6 章提供的數據蒐集紀錄表範本，或者可以自行調整以符合你的需求後再使用。

第 7 章：全盤整合

1. 討論是否有任何你需要調整或者是增加到 ABA 教學計畫範例中的，以滿足你撰寫計畫的需求？

2. 回顧第 7 章以及附錄 A 至附錄 E 中的教案範本。選擇一個適合你和你的學生的教案。請問你會針對教學程序以及數據蒐集程序做什麼改變？

3. 針對在普通班教室的 ASD 學生進行評估、計畫以及執行 ABA 介入時，請討論你對於各個團隊成員在上述階段所應扮演的角色有什麼想法？與第 7 章中的建議有什麼不一樣？

練習時間：跟你的團隊召開一個會議，針對在為 ASD 學生發展 ABA 介入計畫時，每個人應負責什麼角色進行釐清。同時，你現在有一份針對 ASD 學生完整的 ABA 介入計畫。你可以開始進行 ABA 的介入、數據的蒐集以及監控進展了。預備，準備好，開始！

附錄

學業教案範本

目標：

獨立和同儕參與共學活動

數據蒐集程序：

☐ 百分比數據

☑ 獨立性程度數據

☐ 個別化評分系統

☐ 頻率數據

☐ 是／否數據

數據蒐集程序說明：

1. **最多提示：**

   需要教師持續協助

2. **中度提示：**

   需要教師某些協助

3. **最少提示：**

   需要教師稍微協助

4. **獨立完成：**

   不需要教師協助

教學程序：

❶ 依據共學活動期望結果提供**明示教學**。

❷ 該小組的指導目標之一為確保所有學生都能參與活動。讓所有學生參與討論，找出鼓勵免除任務的同學一起參與的方法。在黑板上寫下想法，加以編號後留在黑板上，作為在共學活動期間的**視覺輔助**。

❸ 若預期該學生很難持續參與小組活動，則應由一名成人來帶團體活動。此成人應著重輔助其他同學，好讓他們懂得如何帶領該學生參與任務。

❹ 此成人可以用手指頭比出與黑板上想法連結的數字來**提示**同學。舉例來說，如果 3 號想法表示要詢問該學生問題，此成人應看著同學，並舉起三隻手指頭，鼓勵同學詢問該學生問題以增加其參與度。

❺ 雖然帶活動的成人可能在活動期間需要提供該學生某些直接的**提示／褪除程序**，但重點在於藉由**同儕互助的介入**，盡快轉換為由同學協助該學生重新回到活動。

❻ 當該名學生在共學活動期間適度參與活動時，請給予該學生**正增強**。可藉由**具體的讚美、代幣增強**或是**自然增強**（該學生能夠接收到來自小組其他同學正向的社交互動），對於運用同儕互助的介入策略讓該名學生參與活動的同學，也要確實給予正增強。

備註

對於該名學生在團體活動中的行為，務必建立對該學生具發展適切性的期望。要確定學生已擁有達到期望所需的能力。這表示你可能需要調整對於該學生的期望以增加參與機會。

學生姓名：

奧莉薇亞

目標：

每週能正確的定義不同科目中的字彙定義，正確率達 80%

數據蒐集程序：

☑ 百分比數據

☐ 獨立性程度數據

☐ 個別化評分系統

☐ 頻率數據

☐ 是／否數據

> **數據蒐集程序說明：**
> 在一週結束時，給奧莉薇亞一張寫著五個字彙的紙。奧莉薇亞必須寫下自己對於每個字彙的定義。請記下並畫出正確率的百分比。

教學程序：

❶ 在教學課堂上介紹課內的新字彙。比如「蒸發」這個字彙，請在教導蒸發概念的科學實作課上介紹這個字彙。

❷ 當你介紹這個字彙時，詢問班上有沒有任何同學能夠回答蒸發這個字彙的意義。如果有人答對，請對全班同學重複正確答案，並說：「現在誰能告訴我蒸發是什麼意思？」

❸ 如果奧莉薇亞舉手，請叫她。如果她的回答是正確的，給予**具體的學業和／或社會性讚美**，像是：「奧莉薇亞說的完全正確。妳非常認真聽課喔！」如果奧莉薇亞沒有舉手，請點名坐在她附近的同學，以提供額外的**重複**。等那位同學回答完畢後再點名奧莉薇亞，如果她的回答是正確的，給予**具體的學業和／或社會性讚美**。

❹ 如果奧莉薇亞的答案錯誤，請仔細思考期望是否符合**發展適切性**。舉例來說，如果「蒸發」這個單字太過複雜，你可以請奧莉薇亞告訴你煮開水時會發生什麼事情。任何關於蒸發概念的答案都可以接受，並給予**正增強**。

❺ 利用**塑形**使奧莉薇亞逐漸能夠定義字彙。舉例來說，如果她可以說出：「水煮沸時會變熱。」就接著說：「沒錯，如果水真的變得很熱，有些水就會消失到空氣裡。這就叫做蒸發。」在討論的同時，你可以運用手勢來**示範**這個概念，並鼓勵奧莉薇亞**模仿**。接著問她：「現在妳能告訴我蒸發的意思是什麼嗎？」如果她的回答是正確的，給予**正增強**。

❻ **塑形**該學生能夠正確定義字彙意義可能需要好幾堂課的時間。在某些案例中，如果該字彙太過複雜，你可以只需要簡單教會其概念，而不必教會特定的字彙，或是換成另一個字彙。

❼ 每週從不同科目中挑選五個字彙重複此步驟。

學生姓名：

達倫

目標：

獨立在課堂所有完成的作業上寫名字

數據蒐集程序：

☐ 百分比數據

☐ 獨立性程度數據

☑ 個別化評分系統

☐ 頻率數據

☐ 是／否數據

> **數據蒐集程序說明：**
> **0.** 獨立寫出 0 個字母
> **1.** 獨立寫出 1 個字母
> **2.** 獨立寫出 2–3 個字母
> **3.** 獨立寫出 4–5 個字母
> **4.** 獨立寫出完整名字

教學程序：

❶ 利用**塑形**程序來教導達倫獨立寫出自己的名字（Darren）。一開始先在作業紙最上方寫好他的名字，但空下最後一個字母。鼓勵達倫寫下最後一個字母以完成他的名字。必要時請使用**最少到最多提示**。一旦達倫能夠獨立或在獲得提示後寫出該字母，給予**正增強**。

❷ 一旦達倫可以持續寫出名字最後一個字母，請開始將最後兩個字母空下。鼓勵他寫下最後兩個字母完成名字。必要時請使用**最少到最多提示**。一旦達倫能夠獨立或在獲得提示後寫出該字母，給予**正增強**。

❸ 接下來，只要每次達倫可以持續寫出字母，就空下多一個字母，直到他可以嫻熟的寫出自己的名字為止。

❹ 每天提供達倫各種的機會，讓他能夠在所有作業的最上方寫出部分或全部的名字。

學生姓名：

艾倫

目標：

連續五天上課日能夠在全組課程中舉手正確回答問題至少兩次

數據蒐集程序：

☐ 百分比數據

☐ 獨立性程度數據

☐ 個別化評分系統

☐ 頻率數據

☑ 是／否數據

> **數據蒐集程序說明：**
> Y＝艾倫在每堂全組課程時，都能舉手正確回答問題至少兩次。
> N＝艾倫需要提示才能在一堂或一堂以上的全組課程時舉手回答問題。

教學流程：

❶ 在全組課程時，詢問一個符合艾倫發展適切性的問題（即你有信心他能夠正確回答的問題）。

❷ 如果艾倫沒有舉手，請使用**時間延宕**（暫停時間，並使用期待的眼神／肢體語言）。

❸ 如果艾倫仍然沒有舉手，請叫他的名字，再問一次問題，並使用**時間延宕**鼓勵他舉手回應。

❹ 如果艾倫還是沒有舉手，再問一次問題，並運用身體提示，鼓勵他舉手（使用**最少到最多提示**給予身體上的指引）。

❺ 艾倫舉起手後，請叫他，如果他回答正確，給予**正增強**。

❻ 如果他回答錯誤，請使用**最少到最多提示**提供必要的協助，幫助他正確回答（例如提供填空、視覺輔助、選項）。當他能夠在獲得協助後正

確回答時，給予**正增強**。

 在全組課程時利用各種時機重複這些教學步驟，不斷**重複**，直到艾倫可以獨立在每堂課堂上舉手至少兩次。

備註

上全組課程時，這些教學流程需要經常使用在艾倫身上，但也必須保留一些機會供其他學生參與。

學生姓名：

布雷克

目標：

利用適當的大寫和結尾標點，寫出一個完整句子描述圖片中的事物

數據蒐集程序：

☐ 百分比數據

☐ 獨立性程度數據

☑ 個別化評分系統

☐ 頻率數據

☐ 是／否數據

> **數據蒐集程序說明：**
> 0. 無法獨立寫出任何東西
> 1. 獨立寫出一或兩個字彙
> 2. 獨立寫出簡短片語
> 3. 寫出完整句子，但缺乏適當的大寫和／或結尾標點
> 4. 利用適當的大寫和／或結尾標點，寫出完整句子

教學程序：

　　這些教學程序可作為核心活動的部分內容。該核心稱為「一張圖片勝過千言萬語」，有一系列的圖片可供選擇及書寫。對學生的期望應依照個人現況能力而異。布雷克的期望目標為獨立選擇圖片及寫出一個完整句子。

❶ 讓布雷克選一張圖片。如果他並沒有選，拿起兩張圖片作為選項，讓他選擇其中一張（必要時提供**提示**）。

❷ 請布雷克說出他在圖片裡看見什麼。如果他用完整句子回答，給予**正增強**。如果他的答案只有一或兩個單字、簡短片語或是完全沒有回應，使用**最少到最多提示**，讓他能用完整句子回答。舉例來說，如果有張一家人在海灘上的圖片，布雷克說：「海邊。」你可以先提示他：「再多說點。」如果他無法多說，可以指著圖片裡的某物作為提示。必

要時你可以詢問關於圖片的問題來增加提示。

❸ 在布雷克獲得提示而回應之後，請他再次告訴你，他在圖片裡看見什麼。如果他用完整句子回答，給予**正增強**。如果他仍然無法用完整句子回答，請使用**示範／要求模仿**，提供句子並讓他模仿。

❹ 在步驟 1 至步驟 3 時，你也可以利用**同儕互助的介入**，教導布雷克的同學如何協助他用句子來描述圖片。

❺ 一旦布雷克可以選擇圖片，並獨立口頭說出關於圖片的句子，鼓勵他把句子寫在紙上。一開始先運用**最多到最少提示**，先寫好他提供的句子，但空下最後一個字彙，再請他完成句子。接下來減少提示的強度，先寫下一半的句子，讓他完成剩下的句子。持續減少事先寫好的字彙數量，直到布雷克可以在不需要提示的情況下獨立寫出句子。

備註

這些步驟可用於學科領域（閱讀、科學、數學、社會等），提供各種學習機會。

B

行為教案範本

學生姓名：

雷歐納德

目標：

獨立完成使用冷靜的聲音和正向語言適當的提出異議

數據蒐集程序：

☐ 百分比數據

☑ 獨立性程度數據

☐ 個別化評分系統

☐ 頻率數據

☐ 是／否數據

數據蒐集程序說明：

1. **最多提示：**
   需要教師協助重新回到任務

2. **中度提示：**
   需要教師示範適當的提出異議以便進行模仿

3. **最少提示：**
   需要口語提示或視覺線索

4. **獨立完成：**
   不需要協助

教學程序：

❶ 當雷歐納德因為有異議而產生負面行為，像是音量過大、有攻擊性的語言、偏激、大哭或是發牢騷時，使用**示範／要求模仿**進行介入，改

正其行為。如果他在指派作業時大喊：「我不要做愚蠢的數學題！」請以冷靜的聲音示範：「我可能需要一些幫助。」接著鼓勵他模仿。

❷ 一旦雷歐納德模仿了，給予具體的社會性讚美作為**正增強**，接著說：「我們再試一次。」再一次指派作業，讓他有機會提出適當的異議，而不去依賴模仿你給的示範。如果雷歐納德能夠適當的提出異議，給予**正增強**，並提供他所要求的協助，直到他可以不用提出異議就繼續做作業。

❸ 如果雷歐納德無法適當的提出異議，再次利用**示範／要求模仿**或是**提示／褪除**程序，鼓勵他正向回應。提示的範例包括手勢，比如將手指放在唇上，表示輕聲說話，或像是**提示卡**之類的視覺提示，或是口語提示，像是：「請你使用冷靜的聲音。」記得確保提示要越來越少，直到雷歐納德可以獨立做出這樣的行為。

備註

出現不要正增強且具有逃避動機的行為是很重要的。換句話說，你不應該因為雷歐納德能適當的提出異議，而讓他逃避必須完成的任務。反之，教導他可以讓他獲得必要協助的異議。比方說，你可以教他要求和同學合作、使用不同的學習材料、在安靜的地方自己做作業、一邊聽音樂一邊工作，或是任何能夠使他用正向的行為完成要求的協助。如果沒有能夠讓雷歐納德可以做到的協助，請仔細思考該要求是否符合發展適切性。

學生姓名：

傑弗里

目標：

不需要因教師要求將課堂作業先放在一旁而遭受到干擾

數據蒐集程序：

☐ 百分比數據

☐ 獨立性程度數據

☐ 個別化評分系統

☐ 頻率數據

☑ 是／否數據

> **數據蒐集程序說明：**
>
> Y=傑弗里在一天中每次都能夠主動把課堂作業放在一邊，以便後續完成，不需要因為老師的提醒而受到干擾。
>
> N=傑弗里需要教師協助才能先將作業放在一邊，或者每天會受到干擾超過一次

教學程序：

❶ 建立一個檔案夾，命名為「稍後完成」。運用**直接教學**教導傑弗里如何使用檔案夾。解釋為什麼不受干擾的在稍後才完成作業的重要性。告訴傑弗里期望目標為，當班級需要繼續上另一堂課或是離開教室時，他必須將未完成的作業放入檔案夾裡。向他保證會有機會讓他完成放在檔案夾裡的作業。示範如何使用檔案夾。提供引導練習，讓傑弗里展示使用檔案夾的正確方法。使用步驟 2 至步驟 3 的程序來帶領他進行獨立練習。

❷ **塑形**傑弗里能夠將作業放置一旁的能力。第一次使用檔案夾時，讓他之後能夠在短時間內（差不多 1 分鐘左右）拿回檔案夾並完成他的工

作。下一次，將等待時間加長。慢慢增加要求將作業放入檔案夾至完
成作業的間隔時間，直到傑弗里能夠繼續下一項活動，而不會感受到
未完成作業所帶來的壓力。

❸ 每次當傑弗里能夠不受干擾的把作業放入檔案夾裡，給予**正增強**。設
計**自我監控**工具讓他可以顯示自己是否能夠不受干擾的將作業放進檔
案夾，如此可以增加獨立行為與動機。

學生姓名：

麥可

目標：

當其他學生破壞規則時，麥可可以用適當的行為進行回應，如無視所發生的事情，或者是獨立寫字條給老師

數據蒐集程序：

☐ 百分比數據

☐ 獨立性程度數據

☑ 個別化評分系統

☐ 頻率數據

☐ 是／否數據

數據蒐集程序說明：

1. **最多提示：**
   無法忽視或寫下來，且需要教師協助重新回到任務
2. **中度提示：**
   需要教師協助才能寫紙條
3. **最少提示：**
   需要口語提示或視覺線索
4. **獨立完成：**
   不需協助

教學程序：

❶ 當其他學生破壞規則時，提供**明示教學**來教導麥可如何回應。這可以在一對一教學、小組課程或是全組課程進行。解釋為什麼當其他人破壞規則時，適當回應是重要的。示範當其他人破壞規則時應該怎麼做。讓麥可透過角色扮演遊戲進行指導練習活動。繼續指導練習活動直到他可以在至少 80% 的活動期間做出適當回應。在獨立練習時，可使用以下程序。

❷ 提供**自我監控**工具給麥可，用來記錄每一次有學生破壞規則而他能夠適當回應的次數。務必在實際使用的工具上包含如何適當回應的選項

（忽視或寫紙條給教師）。

❸ 當你看到麥可使用**自我監控**工具，給予具體的社會性讚美作為**正增強**。如果他對於破壞規則的反應不恰當，比如吼叫著報告事發經過，或是直接挑戰破壞規則的同學，則利用**提示／褪除**程序進行正向的重新引導學生表現適當的回應。例如，提供手勢提示指向**自我監控**工具或是口語提示像是：「記住，你可以選擇忽視或是寫紙條。」務必逐步減少使用提示，確保麥可能夠學會獨立回應。

❹ 教導麥可使用**自我監控**工具，類化出在各種環境中對於破壞規則的同學做出適當的回應。一旦該技能能夠類化，開始減少使用自我監控工具。

學生姓名：

達里恩

目標：

獨立完成在隊伍中安靜的行進，並且不會干擾別人

數據蒐集程序：

☐ 百分比數據

☐ 獨立性程度數據

☑ 個別化評分系統

☐ 頻率數據

☐ 是／否數據

數據蒐集程序說明：

1. **最多提示：**
   需要身體協助才能排好隊
2. **中度提示：**
   能跟著隊伍行進，但需要提示才能不去干擾別人
3. **最少提示：**
   需要提示才能安靜跟著隊伍行進，但可以不去干擾別人
4. **獨立完成：**
   不需提示就能行進合宜

教學程序：

❶ 使用**塑形**程序，首先判定達里恩目前在隊伍行進時能夠做到的程度，接著提高期望目標並給予正增強，讓他達成期望，以更靠近所設定的目標。舉例來說，如果達里恩已經能夠獨立排好隊伍，下一步就是教會他留在隊伍裡。

❷ 使用**提示／褪除**程序，教會達里恩留在隊伍裡。舉例來說，如果他跑出隊伍，請給他正向的重新引導（提示），讓他回到隊伍裡。你可以用手勢，像是指向隊伍；或是口語提示：「請你回到隊伍。」或是利用身體引導，比如溫和的帶他回到隊伍裡。切記提示要越來越少，並減少

每次提示的強度。如果達里恩需要不斷的提示，你可能必須提供**最多到最少提示**，且逐漸降低提示的程度。比方說，一開始他在隊伍中前進時，你可能需要走在他旁邊，或是握住他的手，接著慢慢減少你的協助。

❸ 當達里恩符合期望時，給予**正增強**。

❹ 當他符合期望時，要提高期望，讓他可以更接近設定的目標。比方說，一旦達里恩能夠獨立走在隊伍中，一路走到終點，那麼期望便應該加入他能夠獨立管好自己的手腳，不去干擾別人。運用**塑形**和**提示／褪除**程序，持續提高期望，直到達成設定的目標。

學生姓名：

薩曼莎（無口語能力的自閉症學生）

目標：

能夠排隊取餐，並保持安靜且用輕柔的音量説話

數據蒐集程序：

☐ 百分比數據

☐ 獨立性程度數據

☐ 個別化評分系統

☐ 頻率數據

☑ 是／否數據

> **數據蒐集程序說明：**
> Y＝薩曼莎在拿到午餐前能夠排好隊且保持安靜，而不需要教師協助。
> N＝薩曼莎無法在拿到午餐前能夠排好隊且／或保持安靜，她可能需要提示。

教學程序：

❶ 構思一個**社會性故事**，用 PowerPoint 解釋整個排隊領午餐的流程（包括留在隊伍裡和保持安靜的期望）。在故事裡，運用圖卡來提高理解度。插入薩曼莎符合期望的照片。可能的話，使用**影片自我示範**，拍下薩曼莎符合期望的短片，並在社會性故事中插入這些影片剪輯，讓薩曼莎觀看。你也可以利用插入其他學生達成期望的影片剪輯來建立**影片示範**。

❷ 在唸這個故事給薩曼莎聽時，問她一些問題，讓她可以回應並指向正確反應的行為，像是：「妳到學生餐廳去時，站在哪裡？」（薩曼莎指著隊伍）。當你在詢問她關於故事的問題時，如果薩曼莎不回答或回答的不正確，使用**提示／褪除**程序以確保她成功的回應。如果她回答正確，給予**正增強**。

❸ 一開始先讓她排在一或兩位學生的後面，以**塑形**薩曼莎能夠適當排隊等待的能力。一旦她擁有在一或兩位學生後面適當等待的能力時，給予**正增強**，並在下一次增加前面的學生人數，變成三或四位。繼續同樣的模式，直到她可以排在全班最後面等待。

❹ 如果薩曼莎還是很難排隊並保持安靜，你可以利用**視覺線索**，給她看一些呈現排隊和保持安靜的圖片。

❺ 也可以使用**自我監控**工具，讓薩曼莎顯示她是否能夠適當的在隊伍裡等待。**自我監控**工具也可以含括視覺線索。

學生姓名：

保羅

目標：

當極度沮喪時，能夠在「避風港」（safe place）待上 5 分鐘，然後回到合適的活動中

數據蒐集程序：

☐ 百分比數據

☐ 獨立性程度數據

☐ 個別化評分系統

☐ 頻率數據

☑ 是／否數據

> **數據蒐集程序說明：**
>
> Y＝如果保羅極度沮喪時，他會去避風港待上 5 分鐘，然後回到工作區，而不需要任何提示。
>
> N＝保羅需要提示才會前往避風港。
>
> **備註：**
>
> 如果保羅並沒有覺得極度沮喪，該日請勿採計數據。

教學程序：

❶ 用視覺性的展示工具來創造各種會導致「極度沮喪」的情緒，教導保羅如何辨認自己的情緒，列出哪些事情通常會讓他感受到各種不同情緒（快樂、有點生氣或焦慮、沮喪、極度沮喪）。比方說，你可以用小孩微笑的照片來展示快樂（或是保羅微笑的照片），接著讓保羅告訴你他覺得快樂的時刻。在照片旁列出他覺得快樂的時光。在每項你選擇要教會保羅的情緒照片旁，重複同樣的步驟，包括「極度沮喪」的感受。這個步驟很適合使用**不可思議的 5 分表**（*The Incredible 5-Point Scale*）（Buron & Curtis, 2003）。有時候，將情緒與數字、顏色、物體或符號配對也很有效用。

❷ 運用**直接教學**來教導保羅當他覺得有些生氣、沮喪以及極度沮喪時可

以做些什麼。可於全組課程或小組課程時進行教學。在教室裡選定一處作為「避風港」,當保羅覺得極度沮喪而需要冷靜時,就可以去那裡。在那裡,他有 5 分鐘的時間,他可以拿一些讓他冷靜的物品或是進行讓他冷靜的活動。教會保羅抵達避風港時使用計時器設定 5 分鐘。

❸ 在提供直接教學課程,以及保羅能夠在引導式練習和獨自練習中展現如何前往避風港之後,當他在學校覺得極度沮喪時,如果他每次都能夠獨立前往避風港,給予**正增強**。

❹ 如果保羅覺得極度沮喪時無法前往避風港,請利用**提示/褪除**程序協助他完成動作。當他真的到達該處時,給予**正增強**。

備註

有些人可能會認為避風港是一個讓保羅能夠逃離要求的機會。某種程度上的確如此,但是在普通班教室上課的 ASD 學生必須要面臨太多正規的事情。這很可能會讓他們產生一時的情緒失調。因此,提供一個避風港是一項積極應對的策略,讓他可以學習如何避免偏激和破壞性行為。因為他只會在那裡待 5 分鐘,然後就會繼續原來的任務,他並不是永遠逃離要求。重點在於,在冷靜的狀態下,他將能夠更好的面對要求,這也會讓他敢於要求他需要的協助,或是運用必要的溝通或社交互動能力來克服挑戰。

C

社交互動教案範本

學生姓名：

羅德尼

目標：

參與同儕和成人的遊戲互動，每次至少 5 分鐘

數據蒐集程序：

☐ 百分比數據

☑ 獨立性程度數據

☐ 個別化評分系統

☐ 頻率數據

☐ 是／否數據

數據蒐集程序說明：

1. **最多提示：**
   需要持續提示才能參與其中

2. **中度提示：**
   在 5 分鐘期間都需要提示，但不是持續的

3. **最少提示：**
   在 5 分鐘期間需要兩到三次的提示

4. **獨立完成：**
   參與其中五分鐘都不需提示

教學程序：

❶ **跟隨**羅德尼**的引導**開始遊戲（玩他目前想玩的遊戲），或是使用羅德尼
目前沒有在玩的材料開始和他玩遊戲。

❷ 當你開始和羅德尼互動時，請發表評論、問問題或是給予方向，接著
運用**時間延宕**（暫停時間，並使用期待的眼神／肢體語言）鼓勵他做
出回應。

❸ 如果他並沒有回應，利用**提示／褪除**程序，提供必要的協助幫他參與
其中。請仔細思考下面的範例：羅德尼正在玩火車，你加入他的遊戲
然後說：「我也想要玩火車。」如果他沒有回應，你可以重複評論；使
用手勢提示，像是伸出你的手去拿火車；使用口語提示，像是說：「給
我一台火車。」或是指向你想要的火車。但重點在於，你要慢慢減少
提示，讓羅德尼在沒有提示的情況下，學習回應評論、問題和指令。

❹ 試圖讓羅德尼在整個遊戲歷程中參與越多往復的交流越好。把這種互
動想像成一條橡皮筋，你可以不斷延伸拉長，越長越好並且不要拉斷。

❺ 在互動過程中，當羅德尼能夠展現適當回應，如微笑、擊掌、特定的
正向讚美時，給予**正增強**，且讓羅德尼在整個遊戲活動期間都能取得
他想要的材料。

學生姓名：

費莉西亞

目標：

每天早上進教室時，能夠向至少一位同學打招呼

數據蒐集程序：

☐ 百分比數據

☐ 獨立性程度數據

☐ 個別化評分系統

☐ 頻率數據

☑ 是／否數據

> **數據蒐集程序說明：**
> Y＝費莉西亞能夠獨立向至少一位同學打招呼。
> N＝費莉西亞需要提示才能向一位同學打招呼。

教學程序：

❶ 召集班上一些願意提供**同儕互助的介入**的同學，來教導費莉西亞如何向其他同學打招呼。

❷ 每天選擇一位同學向她打招呼。鼓勵該同學使用適合他們年齡的任何語言，像是「費莉西亞，在幹嘛？」或是「嘿，費莉西亞。」

❸ 教導同學在非常接近費莉西亞的時候再跟她打招呼。鼓勵同學大聲打招呼，讓費莉西亞可以聽見，並利用**時間延宕**鼓勵她回應。

❹ 如果費莉西亞回應了，鼓勵同學提供**正增強**，像是讚美費莉西亞的衣服或是進行正向的會話。

❺ 如果費莉西亞沒有回應，鼓勵同學再重複一兩次問候語。如果仍然沒有回應，利用**提示／褪除**程序來教導費莉西亞如何回應。這可能包括使用視覺提示，像是在她可以閱讀的提示卡上寫問候語；手勢提示，

像是指著向她打招呼的同學，或是口語提示，像是說：「費莉西亞，約翰跟妳打招呼。」務必逐步減少提示的強度，鼓勵獨立行為。

❻ 一旦費莉西亞能夠回應同學的問候，教導同學利用**時間延宕**來鼓勵費莉西亞主動打招呼。必要時可運用**提示卡**來**提示**學生，但務必逐步減少使用提示卡的強度，鼓勵獨立行為。

學生姓名：

傑克

目標：

在課間休息時間，能以正向的方式獨立回應同學的互動（包括對同學提出正向發言、提供玩具給同學、與同學眼神交會和微笑，或是詢問同學問題）

數據蒐集程序：

☐ 百分比數據

☑ 獨立性程度數據

☐ 個別化評分系統

☐ 頻率數據

☐ 是／否數據

> **數據蒐集程序說明：**
>
> 1. **最多提示：**
>   需要教師提示才能回應
> 2. **中度提示：**
>   需要同儕提示才能回應
> 3. **最少提示：**
>   需要同儕使用時間延宕和／或重複提示一次以上
> 4. **獨立完成：**
>   不需協助便能夠回應大部分同學的互動

教學程序：

❶ 鼓勵同學隨時參與傑克正在做的事情（**跟隨學生的引導**）。比方說，傑克正在玩遊樂場中的方向盤，則鼓勵同學加入他的方向盤遊戲。

❷ 鼓勵同學與傑克互動，像是對他說話或是問問題。比方說，同學問：「我可以一起玩嗎？」「我也想開車。」「我可以轉彎嗎？」或是「你要開車去哪裡？」或者同學也可以用正向的方式靠近傑克，眼神交會、微笑、打招呼，然後等他正向回應。

❸ 如果傑克並沒有正向回應，必要時請提供引導。首先，鼓勵同學發起另外一次互動，接著使用**時間延宕**。如果傑克仍然無正向回應，你可以加入遊戲。例如你可以對同學做出你希望傑克做出的回應，像是說：「上車吧！我們要開車去海邊了！」

❹ 繼續藉由**示範**適當回應來促進同學和傑克之間的遊戲，並鼓勵他進行**模仿**。如果傑克想要離開同學，則使用**正向重新引導**和**提示／褪除**程序，鼓勵傑克參與和同學的互動遊戲。

❺ 對於該位學生全力發起和傑克之間的互動，務必給予正增強。

學生姓名：

伊森

目標：

獨立在簡單構成的遊戲／活動中等待或輪流

數據蒐集程序：

☐ 百分比數據

☑ 獨立性程度數據

☐ 個別化評分系統

☐ 頻率數據

☐ 是／否數據

> **數據蒐集程序說明：**
>
> 1. **最多提示：**
>   整個過程都需要身體協助
> 2. **中度提示：**
>   需要口語或手勢提示才能等待和輪流
> 3. **最少提示：**
>   能夠輪流，但需要提示才能等待和專心
> 4. **獨立完成：**
>   不需提示就能等待和輪流

教學程序：

❶ 一開始設立結構性高的遊戲，例如選擇簡單的棋盤遊戲，每一回都有明顯的開始和結束，或是簡單的遊戲活動。簡單的輪流活動包括積木堆塔遊戲、拋袋入箱遊戲，或是配對活動。

❷ 一開始教導這個目標時，與伊森和另一位同學玩這個遊戲。

❸ 開始輪流過程，說：「換我了。」並建立預期的示範。接著請同學做一樣的動作。

❹ 如果輪到伊森時，他無法獨立回應，則使用**最少到最多提示**。必要時可以提示他，把一個玩具推到他附近；給他一個玩具；給他手勢提

示，比如指著玩具；給予口語提示，說：「伊森，換你了。」或是提供身體協助。務必逐步減少提示，直到伊森能夠獨立回應。

❺ 在伊森接著玩之後，給予**正增強**。

❻ 如果輪到你和同學時，伊森無法適度等待，則使用**最少到最多提示**讓他參與其中。你可以提示他要專心，像是指出東西、給予口語提示、問問題，或是給他一些在等待輪流期間的任務，比如給同學某件東西。

❼ 在輪流的過程中要不斷的**重複**，以給予足夠的學習機會。

❽ 一旦伊森能夠等待，並和你及同學輪流時，你可以逐漸淡出遊戲，直到他可以在沒有你的遊戲中與同學玩耍。一旦他可以獨立和同學玩耍，便可以增加另一名同學到遊戲裡。

學生姓名：

傑克森

目標：

當同學要求某物時，能夠獨立提供同學材料

數據蒐集程序：

☐ 百分比數據

☑ 獨立性程度數據

☐ 個別化評分系統

☐ 頻率數據

☐ 是／否數據

> **數據蒐集程序說明：**
>
> 1. **最多提示：**
>   需要身體提示
> 2. **中度提示：**
>   需要口語或手勢提示
> 3. **最少提示：**
>   需要同學重複兩或三次或是需要使用時間延宕
> 4. **獨立完成：**
>   不需要提示便能提供同學物品

教學程序：

　　利用**同儕互助的介入**教導同學如何鼓勵傑克森獨立回應給予材料的要求。利用以下程序：

❶ 同學應接近傑克森，盡可能的親近他。同學接著向傑克森要求某項在傑克森的工作領域內所持有的東西。

❷ 如果傑克森將物品給了同學，同學應給予**正增強**，比如說：「非常謝謝你，傑克森！」然後微笑。

❸ 如果傑克森無法將東西給同學，同學則應使用**最少到最多提示**，鼓勵傑克森回應。首先，同學可以試著運用**時間延宕**，讓傑克森有機會回

應。如果還是沒有回應，同學可以再多問一兩次。如果仍然沒回應，同學可以再問一次，並伸出手做出手勢提示。到那個時候，如果傑克森仍無回應，你必須提供更強的提示以確保他成功回應。不要讓同學提供身體提示。

❹ 一旦傑克森將物品給了同學，即使是在有提示的狀況下，也要給予**正增強**。

❺ 這些程序應該用於上課期間各種不同的活動以及不同的同學身上，才能促進類化性。

學生姓名：

惠特妮

目標：

在上學日能夠至少讚美同學一次

數據蒐集程序：

☐ 百分比數據

☐ 獨立性程度數據

☐ 個別化評分系統

☐ 頻率數據

☑ 是／否數據

> **數據蒐集程序說明：**
>
> Y＝惠特妮不需要教師協助或提醒，能夠在上學日至少讚美同學一次。
>
> N＝惠特妮不能在上學日至少讚美同學一次，或是需要教師協助才能做到。

教學程序：

❶ 製作一個**社會性故事**，教導惠特妮何謂讚美、如何讚美別人、何時給予讚美，以及同學們收到別人讚美時的感受。

❷ 利用**直接教學**教法在全組課程或小組課程教授程序：

    介紹：討論讚美別人的重要性。詢問學生在獲得讚美以及讚美別人時的感受。

    上課演示：社會性故事可用來作為上課演示的一部分。必要的話，利用**提示／褪除**程序詢問學生對於這個故事的理解度，來幫助惠特妮做出回應。

    指導操作：讓學生玩角色扮演，展現如何讚美別人。

    獨立操作：讓學生參與活動，比如美術課或寫作課，告訴他們必須在活動中與至少一名同學分享作品。在作品分享時，學生必須練習

讚美別人。當學生讚美或試著讚美別人時，請給予回饋。

結束╱類化：複習社會性故事，當機會出現便持續提醒學生要讚美別人。當學生能夠讚美別人時，給予**正增強**。

❸ 每天與惠特妮分享這個社會性故事，直到她可以在不需要提示的情況下，每天至少讚美一位同學。

❹ 對惠特妮而言，使用**自我監控**工具來顯示她是否能夠每天讚美別人可能會是有幫助的。

溝通教案範本

學生姓名：

珍妮佛

目標：

能夠用眼神接觸或是說出物品名稱，獨立指出且要求想要的物品

數據蒐集程序：

☐ 百分比數據

☑ 獨立性程度數據

☐ 個別化評分系統

☐ 頻率數據

☐ 是／否數據

數據蒐集程序說明：

1. **最多提示：**
   需要身體協助
2. **中度提示：**
   需要示範或口語提示
3. **最少提示：**
   需要時間延宕或是保留該物
4. **獨立完成：**
   不需協助

教學程序：

❶ 利用**環境安排**提供珍妮佛向別人要求物品的機會。例如，將東西拿開到她無法自己拿取的距離、將某物放在她無法觸及的櫃子上、只給一

點點好讓珍妮佛想再多要一些，或是給她某些她想要擁有的物品加以誘導。

❷ 當珍妮佛想要用奪取、哀求或是直接伸手拿取某件東西時，運用**時間延宕**來鼓勵她指出、用眼神表示或是說出物品名稱。如果她沒有回應，則使用**嵌入式單一嘗試教學**教導她指出物品。例如，首先向珍妮佛展示某物，接著給她機會去指出來。如果她沒有指出，利用**示範／要求模仿**鼓勵她指出來。如果沒有回應，可提供手勢、口語或是身體提示。

　　一旦珍妮佛可以指出來，把物品給她作為**正增強**。在各種活動和環境中使用各種**嵌入式單一嘗試教學**不斷重複，直到珍妮佛能夠獨立指出物品。

❸ 一旦她能夠獨立指出物品，藉由增加指出、利用眼神接觸或說出物品名稱的期望來**塑形**行為。只有當珍妮佛能夠指出、利用眼神表示或說出物品名稱時，才給予**正增強**。使用**嵌入式單一嘗試教學**來教導新的期望。

學生姓名：

蓋文

目標：

在各種課堂例行性事務和活動中，能夠獨立使用簡單句子提出要求

數據蒐集程序：

☐ 百分比數據

☑ 獨立性程度數據

☐ 個別化評分系統

☐ 頻率數據

☐ 是／否數據

數據蒐集程序說明：

1. **最多提示：**
   需要整句示範
2. **中度提示：**
   需要部分句子的示範，但可以使用一到兩個字彙或片語
3. **最少提示：**
   需要口語提示來要求使用完整句子，但不需要真正的句子示範
4. **獨立完成：**
   能持續使用完整句子提出要求

教學程序：

❶ 利用**環境安排**創造機會，讓蓋文能夠提出要求。比方說，不要提供他完成某項活動的所有必要材料，讓他有機會要求必需材料。如果蓋文使用簡單句子提出要求，給予他所需的東西作為**正增強**。

❷ 如果蓋文使用一個或兩個字彙的發音或是簡短片語來提出要求，運用**提示／褪除**程序來鼓勵他使用簡單句子。比方說，如果他說「剪刀」，拿起剪刀讓他看見你有剪刀，但不要馬上給他。利用**時間延宕**確認他是否會接著使用簡單句子要求剪刀。如果沒有，你可以說：「如果你想要剪刀，開口要。」如果仍然沒有回應，則說：「說『我要剪刀，麻煩

你。』」接著讓蓋文模仿。務必逐步減少你在每個請求所提供的字數，以增加蓋文的獨立行為。

❸ 教導蓋文各種可以用於要求物品的簡單句子是重要的，比如：「我想要剪刀。」「我要剪刀，麻煩你」「可以給我剪刀嗎？」等等。如果你只教某種特定句子，他很可能在要求的時候聽起來很像機器人而不自然。此外，請使用自然的變音（inflection），才不會讓他聽起來像機器人。

學生姓名：

克里斯多福

目標：

獨立回應與目前活動相關的評論

數據蒐集程序：

☐ 百分比數據

☑ 獨立性程度數據

☐ 個別化評分系統

☐ 頻率數據

☐ 是／否數據

數據蒐集程序說明：

1. **最多提示：**
   模仿回應來回答
2. **中度提示：**
   由既定的填空或選項來回應
3. **最少提示：**
   如果評論重複出現，或是重新敘述，能在提供時間延宕後加以回應
4. **獨立完成：**
   能夠回應大部分的評論

教學程序：

❶ 當克里斯多福參與某項活動時，對於他正在做的事做出評論。

❷ 如果他做出回應，請給予**正增強**，例如給他正向評論或具體讚美、微笑，或是加入他的活動中，如果這會讓他覺得開心。

❸ 如果克里斯多福沒有回應評論，則利用**時間延宕**鼓勵他回應。例如，繪畫時你可以說：「我喜歡你的圖畫。」如果他回應了，則給予**正增強**。例如，如果克里斯多福接著說：「我在畫太陽。」你可以微笑對他說：「你的太陽畫得真美！」

❹ 如果克里斯多福沒有在**時間延宕**後做出回應，試著再說一次或是用一

種你覺得他應該能回應的方式重新描述。如果仍然沒有回應，使用**嵌入式單一嘗試教學**以確保他會回應。例如，再說一次評論，如果克里斯多福沒有回應，則提供提示，該提示包括填空，讓他能夠回應評論。例如，你可以說：「我正在畫_____。」鼓勵克里斯多福填入可以回答「我喜歡你的圖畫。」這句評論的句子。你也可以使用手勢提示，比如在做出評論後，指向畫著太陽的圖畫來鼓勵他回應。一旦克里斯多福回應了，給予**正增強**。務必逐步減少你所提供的提示類型，並利用**單一嘗試教學**提供更多學習機會。雖然你可以問克里斯多福問題作為提示，像是：「你在畫什麼？」但請盡量避免，因為這樣他只是在回答問題，而非對評論做出回應。

❺ 使用**同儕互助的介入**，教導同學用這些程序來鼓勵克里斯多福回應同學的評論。

❻ 在一天之中提供多種機會，在各種活動與環境中以促進**類化**。

學生姓名：

喬丹

目標：

利用「是」和「否」卡片獨立回答他想不想要某件東西

數據蒐集程序：

☐ 百分比數據

☐ 獨立性程度數據

☑ 個別化評分系統

☐ 頻率數據

☐ 是／否數據

數據蒐集程序說明：

1. **最多提示：**
   在身體協助下做出回應

2. **中度提示：**
   在諸如把卡片往前推、指出卡片或輕拍卡片作為提示的情況下，做出回應

3. **最少提示：**
   當兩張卡片都推近他時做出回應

4. **獨立完成：**
   在沒有協助的情況下，能給出「是」和「否」卡片

教學程序：

❶ 利用**環境安排**，將想要的物品放在他拿不到的地方，或是只給一點點，好讓喬丹有機會藉由溝通提出要求。教「是」的時候，務必使用你知道喬丹想要的東西。教「否」的時候，記得使用你知道當下喬丹不想使用的東西。

❷ 利用**嵌入式單一嘗試教學**教導喬丹回答問題，以便知道他想不想要某件物品。例如，在點心時間，給喬丹紙巾，並在你的手上放著餅乾，但不讓喬丹拿到。接著問他：「你想要餅乾嗎？」 首先使用**時間延宕**

（暫停時間，並使用期待的眼神／肢體語言）檢視喬丹會不會展示／拿給妳他的「是」／「否」卡片。如果他並沒有回應，或是伸手抓餅乾，則使用**最少到最多提示**，讓他向你展示或是給你卡片。提示包括將兩張卡移近喬丹，鼓勵他選一張；只把「是」卡移到喬丹手上；指出「是」卡；輕拍「是」卡；把喬丹的手放在卡片上；協助他拿起卡片並將卡片給你。一旦喬丹給你那張卡片，給予社會性讚美以及一片餅乾作為**正增強**。

❸ 利用上述同樣的教學程序，教導喬丹在不同課堂例行性事務和活動中，使用「是」和「否」卡片表達自己喜歡和不喜歡的物品。

學生姓名：

凱瑟琳

目標：

回答與最近活動相關的簡單問題，正確率達 80%

數據蒐集程序：

☑ 百分比數據

☐ 獨立性程度數據

☐ 個別化評分系統

☐ 頻率數據

☐ 是／否數據

> **數據蒐集程序說明：**
> 每次你詢問凱瑟琳問題時，如果不需要提示而能回答正確，請標示**正確**；如果她需要提示或是無法回答，請標示**不正確**。將正確回答數除以總題數，求得正確率。

教學程序：

❶ 在課堂活動、休息時間、午餐時間、音樂課、體育課或是藝術課之後，隨即問凱瑟琳關於活動的簡單問題。問題包括：「妳在音樂課唱的是哪一首歌？」「妳午餐吃什麼？」「妳在體育課玩了什麼遊戲？」

❷ 如果凱瑟琳精準做出回應，給予**正增強**。如果她的答案只有一個字彙或是簡短片語，也接受她的回應並給予正增強。這裡的目標是讓她能夠理解問題且適當的回應，即使答案並不是完整句子也無妨。

❸ 如果凱瑟琳沒有回應、重複問題，或是給出錯誤的回應，則再次重複問題，並使用**時間延宕**。

❹ 如果仍然沒有回應，則運用**提示／褪除**程序重複問題，使她能夠成功做出回應。利用下列**最少到最多提示**步驟：

a. 用另一種方式重新敘述問題。

    b. 使用填空。「在音樂課，我們唱了_____。」如果你使用填空的方式，在凱瑟琳填入後，要重新敘述問題，讓她有機會可以在不必使用填空作為提示的情況下做出回應。

    c. 提供選項。「妳吃了雞塊或是熱狗？」如果你提供選擇，要確認你不會老是把正確答案放在最後，如此才能確認凱瑟琳並不是一再重複你最後説的那個字彙。

    d. 提供選項時請使用**視覺線索**。

    e. 運用**示範╱要求模仿**，提供答案並讓凱瑟琳模仿回應。當她模仿之後，重新敘述問題，讓她能夠有機會在沒有示範的情況下做出回應。

❺ 當她回應後（即使仍需要提示），請給予**正增強**。

學生姓名：

賈馬爾

目標：

課堂上使用擴大性溝通系統回應問題

數據蒐集程序：

☑ 百分比數據

☐ 獨立性程度數據

☐ 個別化評分系統

☐ 頻率數據

☐ 是／否數據

> **數據蒐集程序說明：**
> 每次問賈馬爾問題時，如果他能夠在沒有提示的狀態下使用通訊設備回答正確，請標示*正確*。如果他需要提示或是無法回答，請標示**不正確**。將正確回答數除以總問題數，求得正確率。

教學程序：

　　根據賈馬爾的需求和現況能力，進行擴大性及替代性溝通（augmentative and alternative communication, AAC）評估判斷最適合他使用的裝置。一旦選好裝置，提供使用裝置的說明以及大量的使用練習。一旦他能夠輕鬆使用裝置，請運用以下的教學程序。

❶ 預先載入與你教授課程相關的圖片於裝置上。該課程可以是與閱讀、科學、數學、社會學或任何科目相關。

❷ 在整個課程中，利用選擇 AAC 裝置上的適當圖片，在課堂上提出賈馬爾可以回答的問題。

❸ 如果賈馬爾舉手，請在適當時機叫他，讓他有機會可以回應。提供足夠的**時間延宕**讓他能夠處理並回應。如果他正確回應，給予**正增強**。

❹ 如果賈馬爾並沒有舉手，在課堂上請盡可能的叫他回答問題，增加他

的學習機會和主動參與。

❺ 如果賈馬爾沒有回應或回答錯誤，必要時使用以下**最少到最多提示**：

　a. 重新敘述問題。

　b. 指出教材內的圖片作為視覺線索。

　c. 指出裝置，鼓勵賈馬爾回應。

　d. 提供填空。(「物質的呈現形態有液體、固體或是_____」)

　e. 提供兩個選項的選擇題。(「男孩贏了腳踏車還是電腦？」)

　f. 指出裝置上的正確答案。

　g. 利用**示範／要求模仿**。

　h. 提供身體提示。

❻ 如果使用以上任何的提示，可能的話請重新敘述問題，給賈馬爾機會在沒有任何提示的情況下回答。

❼ 當賈馬爾正確回應時，即使是在提供提示的情況下，仍要給予**正增強**。

E

獨立作業教案範本

學生姓名：

布蘭登

目標：

六堂課都能獨立從一間教室轉換到另一間教室

數據蒐集程序：

☐ 百分比數據

☐ 獨立性程度數據

☐ 個別化評分系統

☑ 頻率數據

☐ 是／否數據

> **數據蒐集程序說明：**
> 記錄布蘭登每天成功轉換
> 並獨立前往教室的次數

教學程序：

❶ 製作**自我監控**工具來輔助布蘭登進行教室轉換，該工具包括畫有欄位
的每日課表，能夠讓他抵達教室時劃記確認。如果他會忘記攜帶需要
的材料，可以加一欄材料欄，這樣在他走到正確的教室之前就能夠先
確認特定材料。

❷ 利用**同儕互助的介入**教導同學提供布蘭登在轉換教室時所需的協助，但必須慢慢減少。舉例來説，同學一開始可以每堂課都陪布蘭登走到教室。然後逐漸減少陪他走去教室的次數。同學可以問布蘭登下一堂課在哪裡上課，以及他知不知道怎麼去。如果布蘭登指出正確的教室，而且他也可以走去那裡，同學只要跟著他走，而不需要走在他旁邊。一旦布蘭登可以連續多天走到教室，而且跟著他的同學離他的距離越來越遠時，他就可以不需要同學陪伴，開始自己走過去了。

❸ 接續步驟 2 的程序，直到學生能夠獨立走向所有的教室。

❹ 當學生能夠在沒有同儕協助的情況下持續使用自我監控工具，請**逐步減少**自我監控工具的使用。

學生姓名：

尼可拉斯

目標：

在獨立作業期間持續投入任務 5 分鐘

數據蒐集程序：

☐ 百分比數據

☑ 獨立性程度數據

☐ 個別化評分系統

☐ 頻率數據

☐ 是／否數據

數據蒐集程序說明：

1. **最多提示：**
   需要持續提示才能繼續任務

2. **中度提示：**
   需要多次提示才能繼續任務

3. **最少提示：**
   需要一至三次提示才能繼續
   任務

4. **獨立完成：**
   不需協助就能持續投入任務
   5 分鐘

教學程序：

❶ 提供具發展適切性的任務給尼可拉斯，也就是他有能力可以完成的任務。

❷ 如果是一項新任務，向尼可拉斯展示需要如何處理材料。

❸ 給予尼可拉斯指令，比如：「現在開始做。」

❹ 在整個活動期間，利用**最少到最多提示**以促進獨立完成。舉例來說，如果尼可拉斯退出任務，你可以使用手勢提示像是指著他的作品、視覺線索、口語提示或是任務協助。

❺ 完成整項任務時給予**正增強**。如果尼可拉斯在完成活動的過程中，需要更多的正增強才能持續投入任務，那在整個活動過程中請連續使用正增強。不過請務必**逐步減少**完成任務期間的正增強，因為如果他每個步驟都要尋求增強的話，將會剝奪他參與及專注的能力。

學生姓名：

凱拉

目標：

完成作業後，從許可活動列表選擇活動

數據蒐集程序：

☐ 百分比數據

☑ 獨立性程度數據

☐ 個別化評分系統

☐ 頻率數據

☐ 是／否數據

數據蒐集程序說明：

1. **最多提示：**
   需要身體協助
2. **中度提示：**
   需要口語提示
3. **最少提示：**
   需要手勢提示
4. **獨立完成：**
   不需要協助就能選擇並
   開始活動

教學程序：

❶ 製作許可活動列表，當有學生比其他人更早完成作業時，可從表中選擇活動。該表可能含有像是閱讀、畫圖或寫故事等活動。

❷ 運用**直接教學**教法，教導學生提早完成作業時要做什麼。向學生解釋為什麼在完成作業後還必須保持參與度的原因。向學生展示，如果他們較早做完作業後，可以如何選擇活動。讓學生參與指導操作，假裝他們已經完成作業，接著必須選擇一項活動。利用以下的步驟，提供凱拉獨立操作的機會。

❸ 在凱拉開始寫作業之前，跟她一起複習在她完成作業後，有哪些選項可供選擇。如果她在完成作業後獨立選了一項活動，給予**正增強**。

❹ 如果凱拉在完成作業後，並沒有獨立選擇一項活動，則使用**提示／褪除**程序鼓勵她這麼做。你可以提供提示，像是指向選項的視覺線索、給她口語提示或是身體協助，讓她開始從事其中一項活動。務必要逐步減少提示。一旦她選好且開始一項活動，給予**正增強**。

學生姓名：

班傑明

目標：

在教室裡獨立從一個活動轉換到另一個活動

數據蒐集程序：

☐ 百分比數據

☑ 獨立性程度數據

☐ 個別化評分系統

☐ 頻率數據

☐ 是／否數據

數據蒐集程序說明：

1. **最多提示：**
   需要身體協助
2. **中度提示：**
   需要很多口語提示
3. **最少提示：**
   每次都需要一或兩個口語、視覺或是手勢提示
4. **獨立完成：**
   一整天都不需要協助就能轉換

教學程序：

❶ 製作教室例行性事務的*視覺課表*。課表可由物品、圖片、符號或文字組成，只要是對班傑明具發展適切性的方式即可。

❷ 利用視覺課表來協助轉換，讓班傑明學會在每個活動結束之後，移動每個活動的圖片、符號或文字到寫著「完成」的那個欄位。

❸ 在移動項目之後，問他接下來的項目是哪一個。如果他能夠獨立回答，給予*正增強*。如果他沒有回答，使用*最少到最多提示*鼓勵他回應。你可以藉由指著圖片、符號或文字來提示班傑明，也可以先給出口語提示，然後讓他模仿，或是利用身體協助，讓他指出接下來的活

動。務必要**逐步減少**提示。

❹ 如果班傑明做出適當的轉換，給予**正增強**。如果他產生負向行為且無法適當的轉換，則使用**最少到最多提示**來協助他進行轉換，包括手勢提示，如指出他必須去的地方；視覺提示，如展示課表或是拿出某種象徵他應該去的地方的東西；必要時使用口語提示或是身體協助。務必要**逐步減少**提示。

備註

建議你使用彈性課表協助班傑明做轉換。變化活動的類型（全組課程、小組課程、獨立作業、分組作業），如此不會連續出現兩堂全組課程，或是兩堂小組課程等。此外，把大家都喜歡的活動排在不喜歡的活動之後，以增加學習動機。

學生姓名：

羅倫

目標：

在沒有大人的協助下使用廁所

數據蒐集程序：

☑ 百分比數據

☐ 獨立性程度數據

☐ 個別化評分系統

☐ 頻率數據

☐ 是／否數據

數據蒐集程序說明：
使用工作分析指出羅倫獨立完成以及在獲得協助時可以完成的步驟數。將她獨立完成的步驟數除以總步驟數，求出正確率。

教學程序：

❶ 進行廁所使用步驟的**工作分析**。

❷ 創造**自我監控**工具，包含按數字順序排列的步驟（需要時還有每個步驟的圖片）。

❸ 利用**整體任務演示連鎖**來增加羅倫在使用廁所時，運用自我監控工具的獨立行為。每次她使用廁所時，都應該使用**提示／褪除**程序，以增加更多的獨立步驟。

❹ 一開始，即使在接受協助的情況下，每個步驟完成之後都要給予**正增強**，然後**逐步減少**正增強，最後只要增強她的獨立步驟。一旦羅倫能夠獨立完成所有的步驟，只要在所有的步驟完成後再給予正增強。

備註

本目標需要每班至少有兩名成人，一名成人在羅倫執行廁所例行性

事務時進行監控，另一名則是和其他學生在一起。

F

作為評估、目標設定和
數據彙整用途的空白表格

評估優勢與興趣：學生訪談

開放性說明	學生回應
跟我聊聊你覺得你很棒的地方是什麼？你最喜歡什麼？	

額外試探性問題	學生回應
你喜歡什麼類型的東西？	
你覺得你最厲害的是什麼？	
什麼事情會讓你開心？	
你最喜歡的玩具是什麼？	
你喜歡做什麼事？	

評估優勢與興趣：學生訪談（續）

額外試探性問題	學生回應
你喜歡跟誰在一起？	
你一天中最喜歡的時間是什麼時候？	
你會做哪些其他小朋友不會做的事？	
你最喜歡的地方有哪些？	
你家裡或學校裡有哪些東西是你絕對不想讓給別人的？	

評估優勢與興趣：家長／教師訪談

日期	學生姓名	訪談者	受訪人

開放性說明	家長／教師回應
請告訴我學生的優勢與興趣？	

額外試探性問題	家長／教師回應
什麼事情可以讓這位學生開心？	
學生喜歡怎麼打發他／她的時間？	
學生最喜歡的玩具或活動有哪些？	
學生最傑出的領域有哪些？	
學生的哪些方面讓您覺得很驕傲？	

評估優勢與興趣：家長／教師訪談（續）

額外試探性問題	家長／教師回應
學生最喜歡跟誰在一起？	
學生在一天中最喜歡的時間有哪些？	
什麼東西會吸引學生的注意力？	
學生最喜歡哪些地方？	
學生絕對不會讓出的東西有哪些？	

偏好評估紀錄表

學生姓名		評估者	
日期／活動	選項 1	選項 2	選擇

評估溝通能力

學生姓名		
問題	訪談中蒐集之資訊	直接觀察中蒐集之資訊
學生如何表達想要和需要？		
學生如何表達挫折或憤怒？		
學生可以遵守哪些指令？（請考慮單一步驟、多重步驟、簡單、複雜、學業、行為與社交。）		
學生可以回答／問什麼樣的問題？（請考慮有關學業內容、常識、過去、不久以前或前兩天、進行中的活動、未來、個人資料。）		

評估溝通能力（續）

學生姓名		
問題	訪談中蒐集之資訊	直接觀察中蒐集之資訊
學生會有什麼型態的評論（主動／回應）？（請考慮學業活動與社交活動中所提出的評論。）		
學生可以跟成人／同儕進行什麼樣程度的交談？（請考慮話題、往復交談的長度、與人攀談、加入交談、結束交談與持續同一話題上的能力。）		

評估社交互動能力

學生姓名		
問題	訪談中蒐集之資訊	直接觀察中蒐集之資訊
學生回應其他人分享式注意力的能力為何?(請考慮學生是否可以讓其他人加入學生正在進行的事;請考慮學生是否可以針對其他人口語或非口語所做出的評論、指示或問題做出回應。)		
學生與其他人之間保持分享式注意力的能力為何?(請考慮持續的時間與活動種類。)		
學生向其他人發起分享式注意力的能力為何?(請考慮用口語與非口語發起,以及刺激發起的活動種類。)		
學生與同儕/成人進行一來一往的社交互動可以到什麼程度?(請考慮口語與/或非口語往復互動的長度;請考慮社交與學業活動。)		

評估社交能力

學生姓名		
能力	獨立完成	所需提示的程度
在共同任務中分享材料		
在獨立／平行任務中分享材料		
輪到他做時會有反應		
和別人輪流		
輪流等待期間能保持注意力		
幫助他人		
接受別人的協助		
同理別人的感覺		
使用適當的音量		
與社交夥伴保持適當空間		
回應別人的問候		
跟人打招呼		
與其他人互動時使用適當眼神接觸		
讚美他人		
正向接受讚美		
保持個人衛生		
對他人臉部表情有適當反應		
對他人肢體語言有適當反應		
當有人擋到去路時做出適當反應		
在學業與社交活動中懂得妥協		

評估學業能力

學生姓名		
學業領域	**正式／標準化評估結果**	**非正式評估結果**
閱讀（請考慮聲韻覺識、聲學、流暢性、理解與字彙。）		
數學（請考慮數字概念、計算、應用與解題。）		
語言藝術（請考慮聽、說、寫。）		
學科（請考慮學生如何學習新的概念與字彙、參與全組與小組教學、合作學習活動與獨立作業。）		

評估挑戰性行為

學生姓名 評估者姓名	挑戰性行為描述		
假設	訪談所得資料	直接觀察所得資料	功能性分析所得資料
傳達想要和需要			
傳達因能力缺陷所產生之挫折或焦慮			
獲得社交注意／互動			
獲得參與或避免被排除／無聊			

自我監控完成作業的範例

日期	學生姓名		
作業名稱	我完成了作業 （是或否）	我交了作業 （是或否）	獲得點數（每次交 作業可獲得 5 點）
			總分：

正確百分比數據紀錄表（C：正確；I：不正確）

學生姓名			目標		
嘗試	日期	日期	日期	日期	日期
10	C / I 100%	C / I 100%	C / I 100%	C / I 100%	C / I 100%
9	C / I 90%	C / I 90%	C / I 90%	C / I 90%	C / I 90%
8	C / I 80%	C / I 80%	C / I 80%	C / I 80%	C / I 80%
7	C / I 70%	C / I 70%	C / I 70%	C / I 70%	C / I 70%
6	C / I 60%	C / I 60%	C / I 60%	C / I 60%	C / I 60%
5	C / I 50%	C / I 50%	C / I 50%	C / I 50%	C / I 50%
4	C / I 40%	C / I 40%	C / I 40%	C / I 40%	C / I 40%
3	C / I 30%	C / I 30%	C / I 30%	C / I 30%	C / I 30%
2	C / I 20%	C / I 20%	C / I 20%	C / I 20%	C / I 20%
1	C / I 10%	C / I 10%	C / I 10%	C / I 10%	C / I 10%

獨立性程度數據紀錄表

（1＝最多提示；2＝中度提示；3＝最少提示；4＝獨立完成）

學生姓名							
目標	日期	日期	日期	日期	日期	日期	日期
	4	4	4	4	4	4	4
	3	3	3	3	3	3	3
	2	2	2	2	2	2	2
	1	1	1	1	1	1	1
	日期	日期	日期	日期	日期	日期	日期
	4	4	4	4	4	4	4
	3	3	3	3	3	3	3
	2	2	2	2	2	2	2
	1	1	1	1	1	1	1
	日期	日期	日期	日期	日期	日期	日期
	4	4	4	4	4	4	4
	3	3	3	3	3	3	3
	2	2	2	2	2	2	2
	1	1	1	1	1	1	1

頻率數據紀錄表

學生姓名			目標			
	日期	日期	日期	日期	日期	日期
單一行為 總次數 _____	10	10	10	10	10	10
	9	9	9	9	9	9
	8	8	8	8	8	8
	7	7	7	7	7	7
	6	6	6	6	6	6
	5	5	5	5	5	5
	4	4	4	4	4	4
	3	3	3	3	3	3
	2	2	2	2	2	2
	1	1	1	1	1	1
	0	0	0	0	0	0

是／否數據紀錄表（Y：是；N：否）

目標	學生姓名								
	日期	日期	日期	日期	日期	日期	日期	日期	日期
	Y N	Y N	Y N	Y N	Y N	Y N	Y N	Y N	Y N
	Y N	Y N	Y N	Y N	Y N	Y N	Y N	Y N	Y N
	Y N	Y N	Y N	Y N	Y N	Y N	Y N	Y N	Y N
	Y N	Y N	Y N	Y N	Y N	Y N	Y N	Y N	Y N
	Y N	Y N	Y N	Y N	Y N	Y N	Y N	Y N	Y N
	Y N	Y N	Y N	Y N	Y N	Y N	Y N	Y N	Y N

ABA 教學計畫表單

學生姓名	目標

數據蒐集程序

☐ 百分比數據
☐ 獨立性程度數據
☐ 個別化評分系統
☐ 頻率數據
☐ 是／否數據

數據蒐集程序說明：

教學程序

1.

2.

3.

4.

5.

6.

7.

8.

9.

10.

《應用行為分析在融合教室中的運用：提升自閉症光譜障礙學生成效指南》
Bringing ABA into Your Inclusive Classroom: A Guide to Improving Outcomes for Students with Autism Spectrum Disorders
Debra Leach 著；吳佩芳譯

國家圖書館出版品預行編目（CIP）資料

應用行為分析在融合教室中的運用：提升自閉症光譜障礙學生成效
　指南 / Debra Leach著；吳佩芳譯. -- 初版. -- 新北市：心理，2019.06
　　面；　公分. --（障礙教育系列；63156）
　　譯自：Bringing ABA into your inclusive classroom : a guide to
improving outcomes for students with autism spectrum disorders
　　ISBN 978-986-191-869-3（平裝）

1. 特殊兒童教育　2. 自閉症　3. 心智發展

529.6　　　　　　　　　　　　　　　　　　　　　108007934

障礙教育系列 63156

應用行為分析在融合教室中的運用：
提升自閉症光譜障礙學生成效指南

作　　者：Debra Leach

譯　　者：吳佩芳

執行編輯：陳文玲

總　編　輯：林敬堯

發　行　人：洪有義

出　版　者：心理出版社股份有限公司

地　　址：231026新北市新店區光明街 288 號 7 樓

電　　話：(02) 29150566

傳　　真：(02) 29152928

郵撥帳號：19293172 心理出版社股份有限公司

網　　址：https://www.psy.com.tw

電子信箱：psychoco@ms15.hinet.net

排　版　者：菩薩蠻數位文化有限公司

印　刷　者：辰皓國際出版製作有限公司

初版一刷：2019 年 6 月

初版二刷：2021 年 9 月

I S B N：978-986-191-869-3

定　　價：新台幣 280 元